100年マンション

資産になる住まいの育てかた

長嶋 修

JN229771

日経プレミアシリーズ

はじめに

都市部に大量の〝廃墟マンション〟が出現――。これは、このままいけば我が国で確実に現れる近未来の光景です。

新築マンションの価格は高騰を続けています。2017年における東京都区部の新築マンション平均発売価格は7000万円を超えました。物件の内訳は「都心」「駅近」「大規模」「タワー」といったワードに代表される、高額な新築マンションが主流です。12年の民主党から自民党への政権交代以降、新築マンション価格は、都区部が1・34倍、神奈川県が1・32倍と突出して上昇しました（図表1）。こうした事態を受け、「新築マンション市場はバブルだ」といった論調も一部で見られます。

一方で近年、「空き家問題」が騒がれています。14年に公表された調査によると、全国の空き家数は820万戸、空き家率は13・5％と推計され、衝撃が走りました。総務省の空き家調査（住宅・土地統計調査）は5年後の18年に行われ、19年夏頃に発表される見込みで

図表1　首都圏新築マンション価格水準の推移
(2012年を100とした場合)

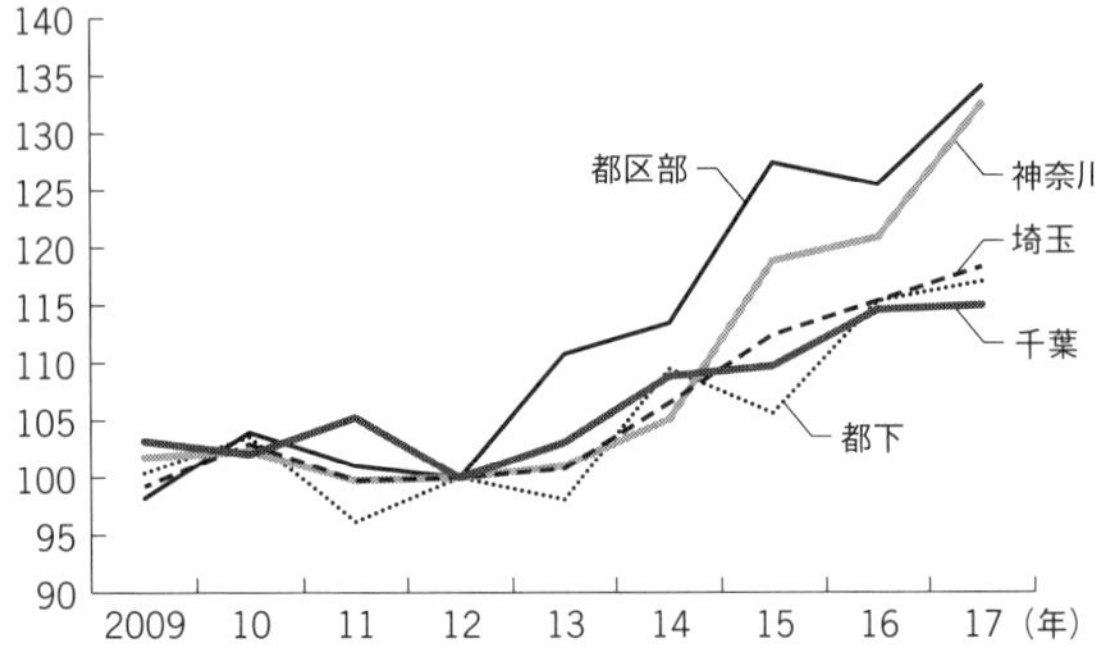

（出所）不動産経済研究所

す。おそらく、空き家数は1000万戸の大台に乗り、空き家率は15%を超え、再び大きな衝撃が走るでしょう。

このような事態を招来する原因は、「人口減少」に加え、本書で述べていくように、「新築住宅の造り過ぎ」、すなわち住宅総量を管理していない国の無策にあります。

本格的な人口減少はこれからです。このままいけば2033年に全国の空き家数は2000万戸を超え、空き家率は30%を超えるという、民間シンクタンクによる恐ろしい試算もあります。「お隣のどちらかは空き家」といった時代がやってきます。

景気対策として、のべつ幕なしに新築住宅を造り、一方では空き家対策に明け暮れるといったおかしなことを続けているのが、日本の住宅政策なのです。

また空き家問題というと、これまでは主に一戸建てをイメージしがちでしたが、今後はマンション、しかもとりわけ都市部に立地するマンションの空き家がクローズアップされることになります。

一戸建ての空き家は、概観すれば一目で空き家だとわかります。しかし、マンションはコンクリートの壁に阻まれ、玄関ドアの内側がまったく見えません。

マンションとは主に1970年代から大量供給が始まった住居形式です。これまであまり所有者の入れ替えが進まなかったところでは、建物とともに住民の高齢化が進んでいます。年金以外に定期収入のない世帯も多く、高額の建物修繕費用をなかなか捻出できません。

そもそもマンションの修繕積立金について、長期的な計画の下に必要な金額が準備されているケースは少ないと思います。修繕はできない、かといって建て替えもできず、ただ劣化に任せるしかない「廃墟マンション」が、今後大量に、しかも主に都市部に出現することが容易に予想できます。

15年に施行された「空き家対策法」（空家等対策の推進に関する特別措置法）では、いわゆる「迷惑空き家」に指定されれば、固定資産税が6倍に跳ね上がります。最終的に自治体は建物を取り壊し、解体費用を所有者に請求できることになっています。

しかし、この法律は主に一戸建てを想定しています。マンションの場合、全100戸のうち1戸だけを壊すといったことは当然できないので、現実問題としてこの法律は適用不可能です。これまでマンションの建て替え例は全国で250程度ですが、このままでは、それほど進むことはないでしょう。

建て替え事例の多くは、余っている容積率を活用し、従前より大きな建物を建てることができた、余剰分を第三者に売却して建て替え費用を捻出したという、非常に恵まれたケースです。

容積率の余剰がないのならば、各戸はそれぞれ1000万円単位の建築費を捻出する必要があります。また仮に容積率が余っていたとしても、例えば「駅から遠い」など、建て替え後のマンションが市場で「売れる」と事業者が判断できない場合には、当然事業化しません。ましてや、世の中には、建て替えると従前よりマンションが小さくなってしまうといった「既存不適格マンション」すら、数多く存在します。

本書のテーマは「マンションの近未来」です。

前著『不動産格差』では「これから不動産市場は大きく3極化する」と申し上げました。

その内訳は次の通りです（図表2）。

「価値維持ないしは上昇　10～15％」
「徐々に価値を下げ続ける　70％」
「無価値あるいはマイナス価値　15～20％」

この「不動産格差」は主に「中心部からの距離」「駅からの距離」といった立地に焦点を当てた話でした。これはそのまま、マンション市場にもあてはまります。どこで、どんなマンションを買うかによって、居住快適性はもちろん、その資産価値に段違いの格差が生まれていきます。

上位10～15％のマンションは、100年以上建物が長持ちし、市場においても高く評価され続ける一方、中位70％の大半のマンションは資産価値をだらだらと下げ続け、築年数が経過するほど修繕に多額のお金を費やす「金食い虫」となります。

最も悲惨なのは、下位15～20％のマンションです。こちらは売買や賃貸はもちろん、修繕もままならず、座して死を待つだけの廃墟マンションとなります。

図表2　マンションは3極化する

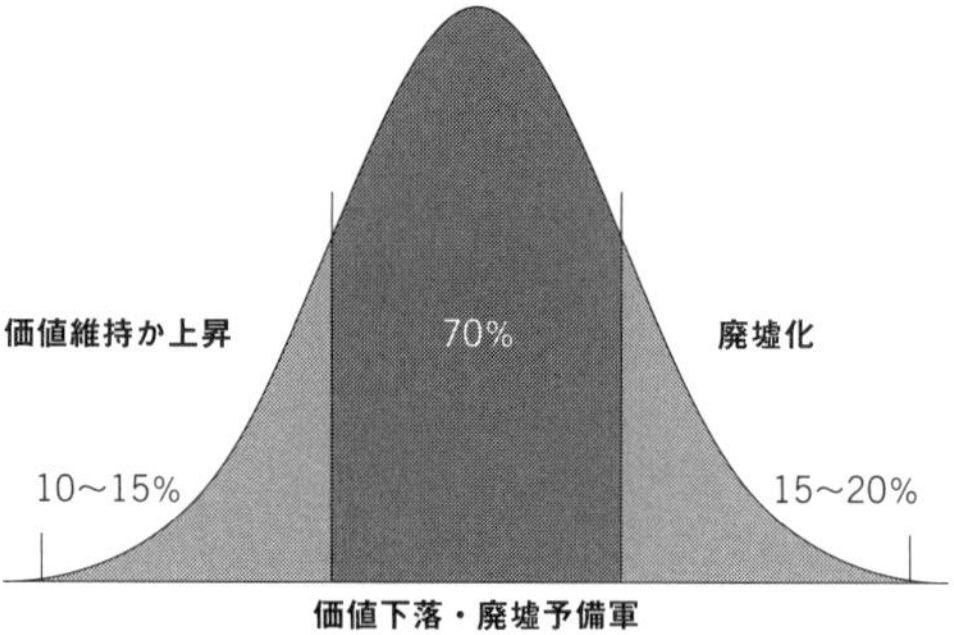

（出所）筆者作成

廃墟マンションと聞くと、街の中心部や駅から遠いなど立地に難のあるマンションをイメージしがちですが、大都市の中心部にも東京都区部にもこうしたマンションが出現します。たとえ一定程度立地が良くても、都市の墓標になりえる理由があるからです。

資産としてマンションを買うこと、そしてマンションをずっと所有し続けることは、果たして合理的な行動なのでしょうか。あなたが現在所有しているマンション、これから買おうとしているマンションは、どうなっていくのでしょうか。「100年マンション」か「廃墟マンション」か。本書の第1章ではまず、マンションの世界でこれから起きるであろうことを年表形式でお知らせします。未来は確定していませんから、筆者の予測ではありますが、細かな違いこそあれ、おおむねこの通りになるものと考えていただいて結構です。

というのも、人口減少や少子化・高齢化などの人口動態はもちろん、マンションのストック戸数や築年数分布は「すでに決まった未来」として、ある程度確実で、これらに政策や経済動向の現状、未来予測を織り込んでいけばいいからです。

もちろん未来に何が起こるかはわかりません。例えばＡＩやロボット化の進展、工事技術の革新や自動運転車の普及などによって、マンションを取り巻く世界が変わるかもしれません。しかし、こうした変化によって恩恵を被ることができるのは、先述の上位15％のマンションだけでしょう。

第2章ではマンションの歴史や現状とその課題を取り上げます。

第3章ではすばらしい取り組みでマンションの長寿命化、資産化にチャレンジしている、「100年マンション」と呼ぶにふさわしい先進的な管理組合の実例をご紹介します。

第4章ではマンションを資産にするための16の提言を行います。

本書があなたのお役に立てますと幸いです。

目次

2022年
住宅市況が悪化
2025年
「廃墟マンション」が都市部に出現
マンションの建て替え進まず
2026年
中古マンション市場活性化策で格差拡大
2027年
タワーマンションの廃墟化が露呈
2030年
マンション「廃墟化」加速で、自治体が破綻
2031年
政府が「住宅総量目安」を設定。権限は自治体に移譲

各種イベントでコミュニティ意識を高める
ウェブやＳＮＳで積極的に情報発信
活動広がるＲＪＣ48

白金タワー

管理会社不祥事を機に経営改革に着手
管理会社を交替
ＥＶ実証実験や地域包括ケア導入も

パークシティ武蔵小杉ミッドスカイタワー

マンションの価値は住人が創る
「50年安心計画」を立案
プライマリーバランスで経営状況を把握

ザ・パークハウス 横浜新子安ガーデン

組合運営はオンライン中心で
シアタールームにカラオケを導入
地域の一時避難所にも

第1章

マンションの未来年表を書く

「終の棲家」になったマンション

マンションといえば、戦後の高度経済成長期からしばらくのうちは、「一戸建てが買えない人が買うもの」「終《つい》の棲家《すみか》ではなく一時的な住まい」といった風潮がありましたが、そんな認識はいつの間にか消え去り、昨今では住居としての位置づけがしっかり確立しました。

「平成25（2013）年度マンション総合調査」（国土交通省）によれば、マンションへの永住意識について、昭和55（1980）年度には、「永住するつもり」が21・7％に対し、「いずれは住み替えるつもり」が57・0％と多数派でした。その後永住意識は一貫して高まり続け、平成11（1999）年度には「永住するつもり」（39・0％）が「いずれは住み替えるつもり」（31・5％）を逆転、平成25（2013）年度になると52・4％の区分所有者が、現在居住しているマンションを終の棲家として考え、「いずれは住み替えるつもり」は17・6％と少数派になりました（図表3）。

マンションはかつて「住宅すごろく」の「あがり」である一戸建てに住み替える前のステップとして普及してきましたが、現在では永住する家として認識されています。

東京カンテイによると、世帯数に占めるマンションの割合を示す「マンション化率」は、

図表3　マンション居住者の永住意識

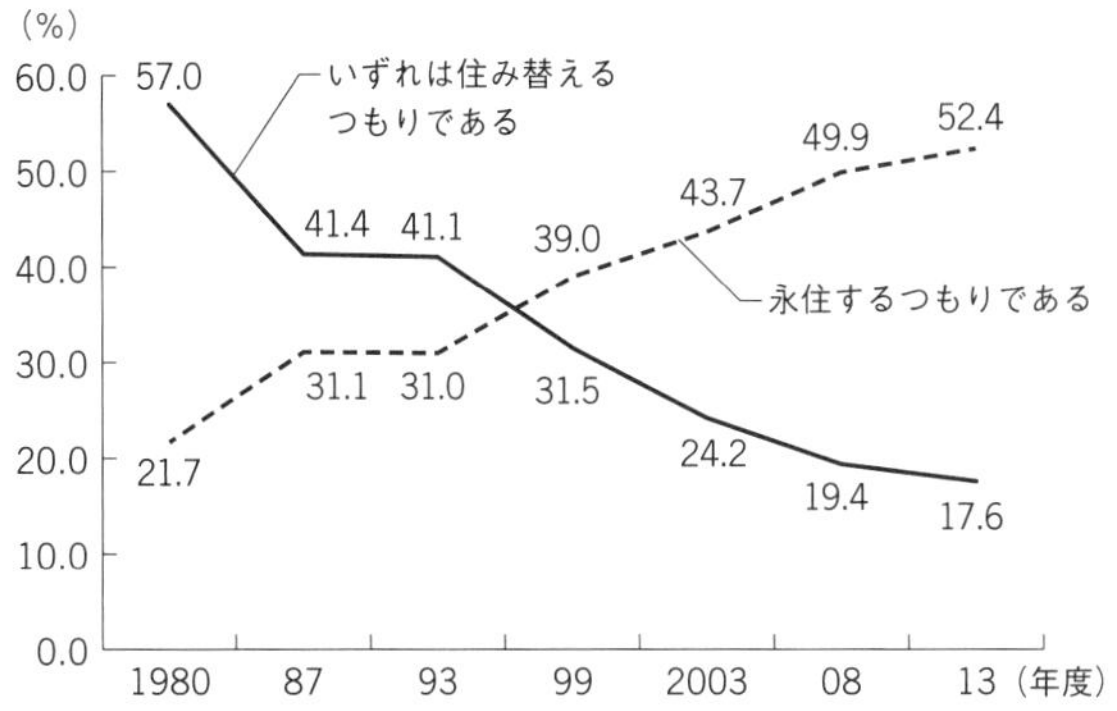

（出所）国土交通省

東京23区で31・37%、福岡市29・62%、神戸市28・89%、横浜市28・2%と都市部で高く、とりわけ東京都千代田区は83%、中央区81・02%、港区75・44%と、都心部においてはマンションが圧倒的多数です（２０１７年度。図表4、図表5）。

今やマンション派は、都心部の基礎自治体における議員選挙で「マンション党」を立ち上げてマンション政策を打ち出せば、一定の支持を集めるかもしれないほどの圧倒的な勢力となっています。

一方で本格的な人口減少と少子化・高齢化社会を迎える日本。現在我が国に６５０万戸弱あるマンションのうち、築30年のマンションは現在およそ１８０万戸ありますが、２０３１年には４００万戸を超えると予想されます。住民が高齢化し所得が減る一方で、修繕積立金が不足し、管理がお

図表4　政令指定都市のマンション化率

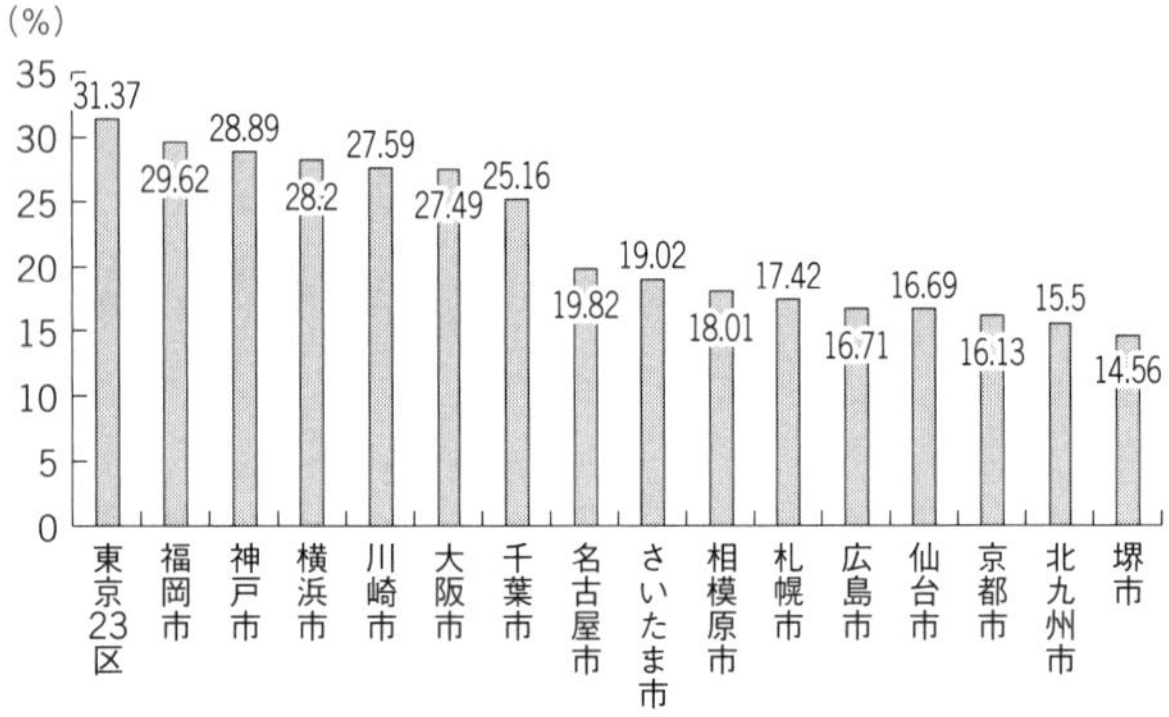

（出所）東京カンテイ

図表5　行政区のマンション化率

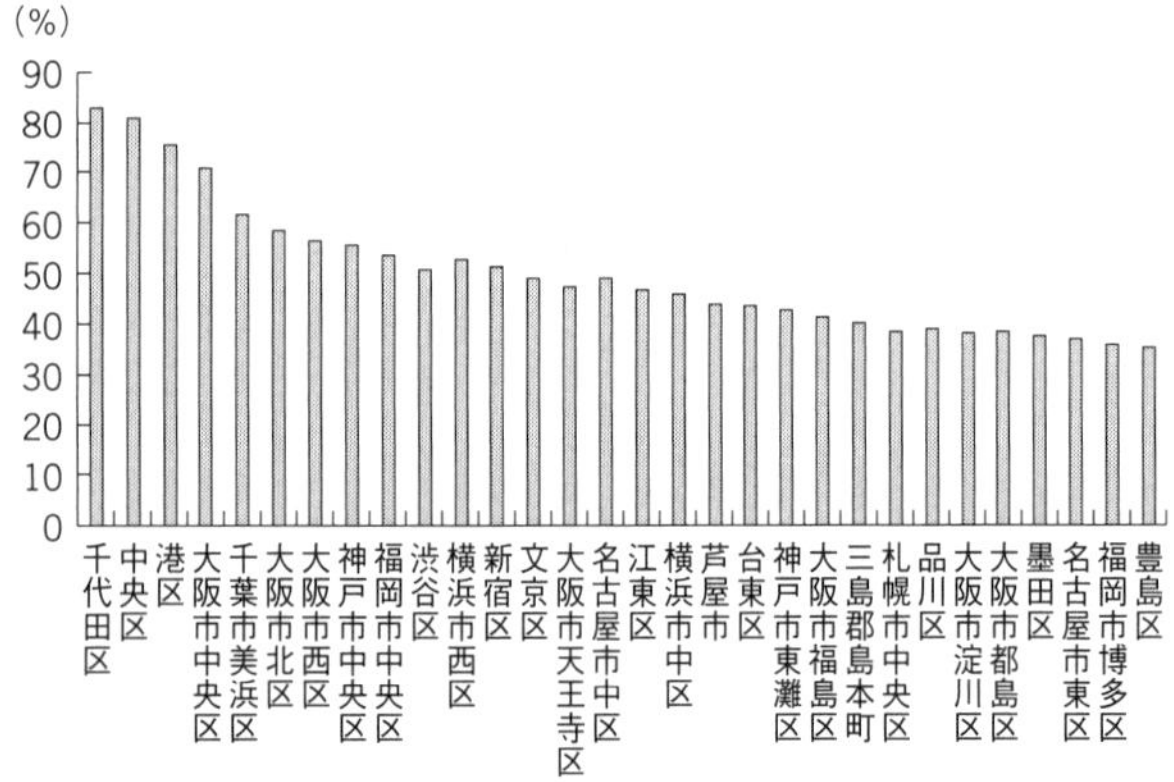

（出所）東京カンテイ

ろそかになる結果、建物はボロボロになります。空き家率が高まって資産価値が大きく下がり、無価値あるいはマイナス価値に向かいつつスラム化が進行するといったマンションが今後出現、増加する可能性があります。住民合意の下で建て替えをしようとしても、一部を除いて大半のマンションの建て替えは事実上不可能です。

東日本不動産流通機構によると、首都圏の中古マンション成約戸数は、16年、17年と連続で新築発売戸数を上回っており、中古マンション市場は活気を見せています。この傾向は今後も続くものと思われますが、市場で活発に取引されるマンションと、全く見向きもされない放置マンションとに分かれていくのが、未来のマンション市場の姿です。

本章ではマンションを取り巻く世界が今後どのようになっていくのか、２０３０年くらいまでの道のりを描いてみましょう。

2019年
マンションの空き家が社会問題化

日本の総人口は1億2700万人、高齢化率は27・3%と、人口減少、少子化・高齢化の波はひたひたと忍び寄っています。「はじめに」でも触れましたが、19年7月頃にはいわゆる「空き家調査」（住宅・土地統計調査、総務省）が公表される見込みで、この時、全国の空き家は13年の820万戸から1000万戸の大台に乗っているはずです。日本以外の先進国の空き家率は、ドイツが1%程度、イギリスで3%弱、シンガポールは5%程度、国土の広い米国でも11%程度であるのに対し、日本の空き家率は15%を超えます。6・6軒に1軒が空き家というのは、他先進国に比してダントツに高い数字です。

空き家が全くゼロでは引っ越しができず、震災時に仮設住宅にするなどの機動的な運用もできませんが、適正な空き家率は4・8%程度であるという研究もあります。

空き家増加に伴う課題は多岐にわたります。第一に地域に与える「外部不経済」です。無人の手入れが行われない家が放置されることで、「虫やネズミの発生」「雑草が生い茂る」「ゴミの不法投棄」「死角となり犯罪の温床になる」「景観の悪化」「防災性・防犯性の低下」「火災発生の危険性が増す」「老朽化による倒壊・崩壊」などの問題が生じます。またこうした空き家があると、周辺の不動産価値の下落にもつながるでしょう。

第二には「公共サービスの非効率化」です。人口・世帯が減少する中では、財政の効率化や規模の縮小が必須です。上下水道のインフラ修繕やゴミ収集、北国では除雪などの行政サービス効率が悪化する一方で、税収は減り、財政に悪影響を及ぼします。

空き家が本格的に増えるのはこれからです。国立社会保障・人口問題研究所の推計によれば、我が国の人口は加速度的に減少します。15年に1億2709万人だった人口は、今後、急な坂を駆け降りる人口減少過程に入ります。40年には1億1092万人、53年には9924万人となり、65年には8808万人と、実に3900万人も減少します（出生中位推計）。

これは、カナダやイラク、ポーランドなどの国民がごっそり消える（国連統計より）、あるいは3650万人いる1都3県（東京都・神奈川県・埼玉県・千葉県）を上回る人口が減少することを意味します（図表6）。

他の先進国に比してダントツに高い空き家率の現状と今後の悲観的な見通しを受け、海外

図表6　一国単位の人口が消えていく日本

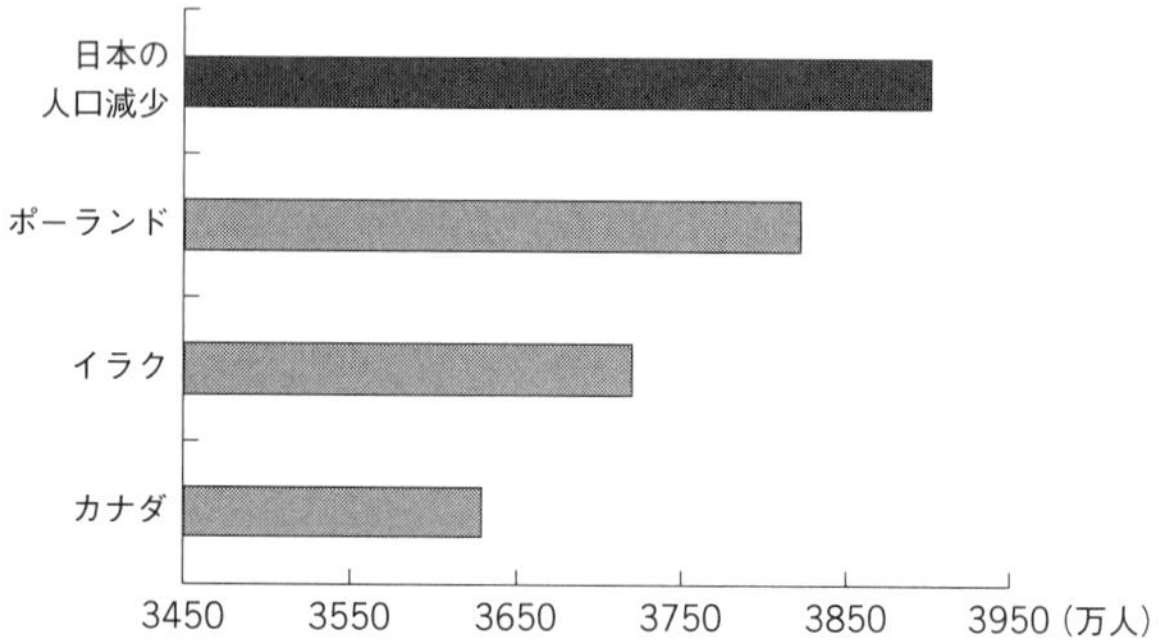

（出所）国立社会保障・人口問題研究所

メディアから、「世界に例を見ない都市計画・住宅政策の大失敗」などと揶揄されるのではないでしょうか。

実は、OECD（経済協力開発機構）に加盟できるレベルの、いわゆる普通の国の多くは「住宅総量目安」「住宅供給目標」といった指標を持っています。総世帯数、総住宅数や住宅の質の現状を踏まえ、今後5～10年間にどの程度の住宅を壊し、どのくらいの新築を建設するかといった目安です。この目安に合わせ、税制や金融をコントロールしつつ、最終的には各自治体レベルで都市計画を設定、住宅総量を管理しています。したがって止めどなく空き家が増えていくということは構造的にありえません。

ところが、日本にはこうした目安が一切なく、ただただ景気対策としての住宅政策が行われてきました。新設住宅着工戸数が減れば景気の足を引っ張るとして、長い間、新築住宅促進政策が過剰に行われてきました。全体計画が存在せず、住宅総数について誰も管理していない状況なのですから、空き家が増えるのは当然ともいえます。

また、空き家問題といえばこれまでは主に「一戸建て」に焦点が当たっていましたが、この頃から「マンションの空き家問題」が顕在化します。マンションは一戸建てと異なり、共同住宅であるがゆえに個人の意思で修繕や解体などの処分ができません。

空き家の増加に加え、住民の高齢化や賃貸化が進むことによって、本来必要な修繕費用が捻出しにくくなります。修繕も解体もできず、ただ朽ち果てていく「廃墟マンション」の出現可能性が、社会問題として浮かび上がるでしょう。

全国のマンションストック総数は17年末時点で約644・1万戸です（図表7）。マンションの居住人口は約1590万人と推計され、総人口1億2652万人（18年6月1日現在、概算値）の12・6％にあたります。これは東京都の全人口1382万人（18年5月現在、東京都）より208万人も多い水準で、国民のおよそ8人に1人がマンションに住んでいることになります。

図表7　分譲マンションのストックの戸数

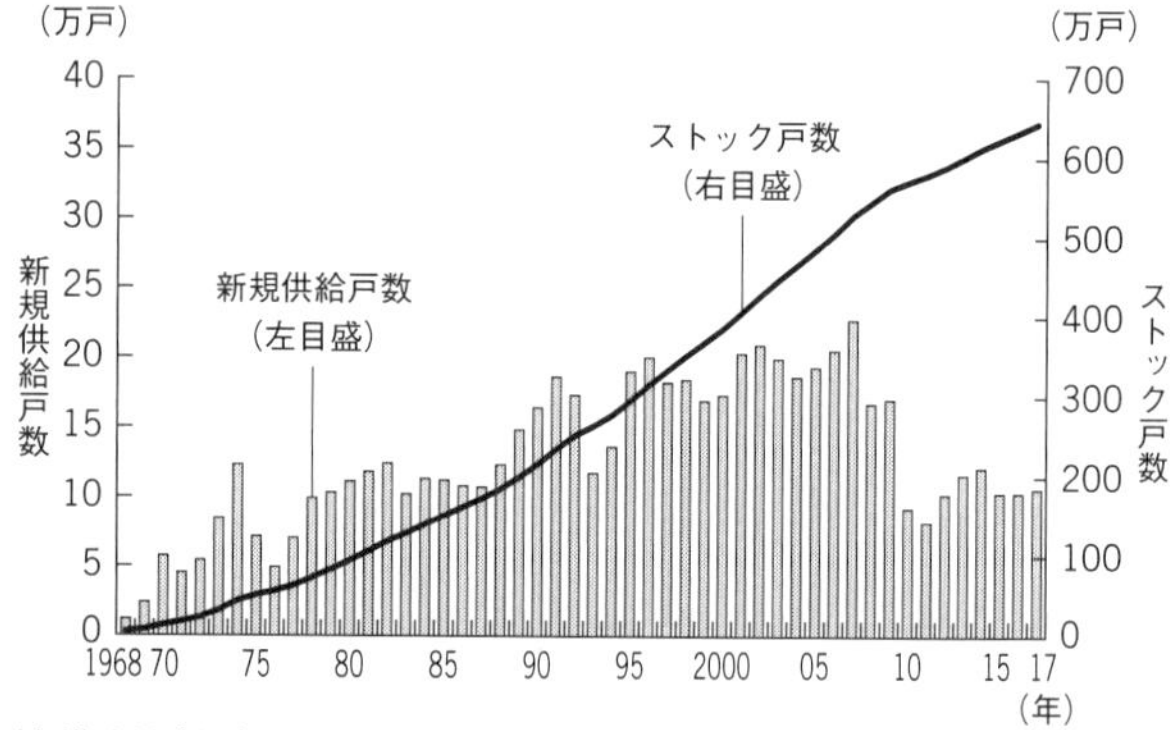

（出所）国土交通省

築30年以上のマンションは現在184・9万戸ありますが、うち40%にあたる72・9万戸は築40年以上。これが22年には築40年以上が128・7万戸、27年には184・9万戸、37年には351・9万戸と激増していく見込みです。

簡単に言えばマンションの築年数分布は、我が国の「人口ピラミッド」と同様、高齢マンションが極端に多い構図となっています（図表8）。

新築マンションに入居すると、住民は管理組合を結成します。入居から当面の間は管理組合の役員に自ら立候補して組合の運営に主体的に関わるなど、住民の意欲は高いことが多いのですが、建物の経年や区分所有者の高齢化、賃貸

図表8　築後30、40、50年超の分譲マンション戸数

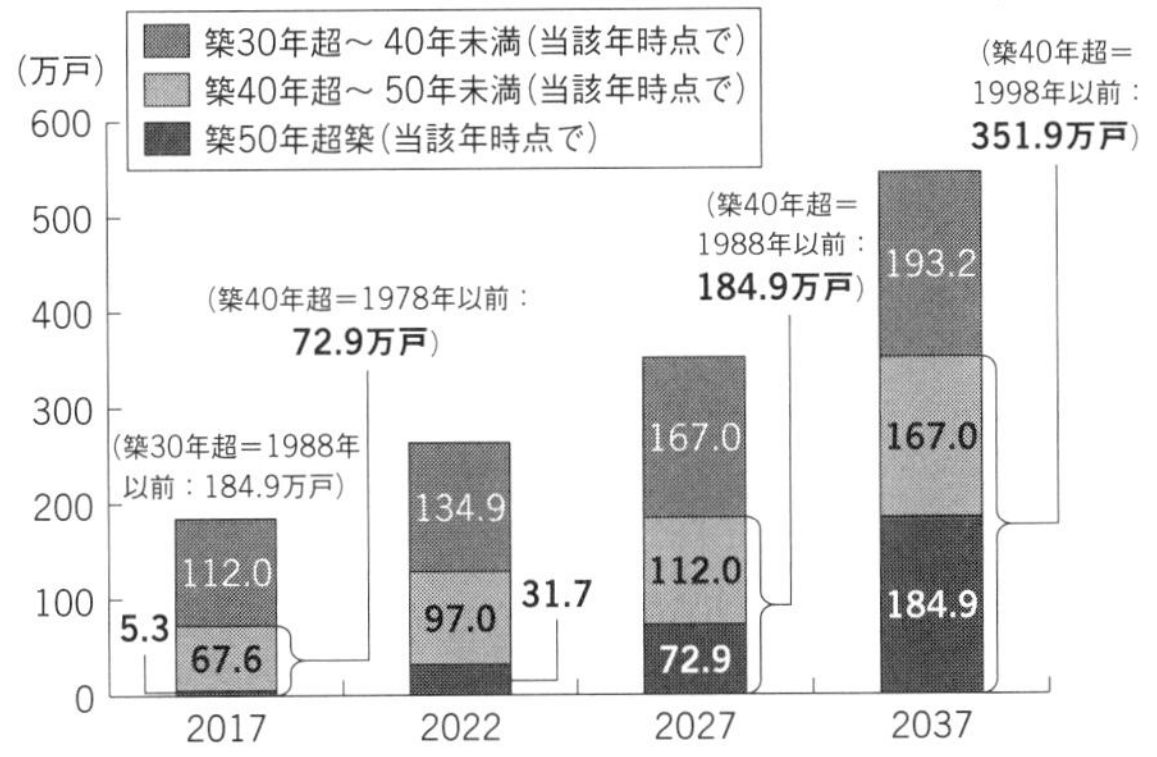

（出所）国土交通省

化、空室化などが進行するにつれて、徐々にその状況は変わっていきます。

やがて組合理事のなり手不足、修繕積立金の収支悪化、大規模修繕や建て替えの意思決定ができないなどといった機能不全が見られるようになっていきます。国はこうした「管理不全マンション」が、今後さらに増加していくことを懸念しています。

「マンションの再生手法及び合意形成に係る調査」（国土交通省）のアンケートによれば、高経年マンションほど空き家化、賃貸化、高齢化が進み、自己居住率が低下するといったマンションの姿が浮かび上がります。

築40年を超えたマンションでは、自己居住しているのは全体の75・6％に過ぎず、その

図表9　築年数と賃貸率、空き家率、高齢化率等の関係

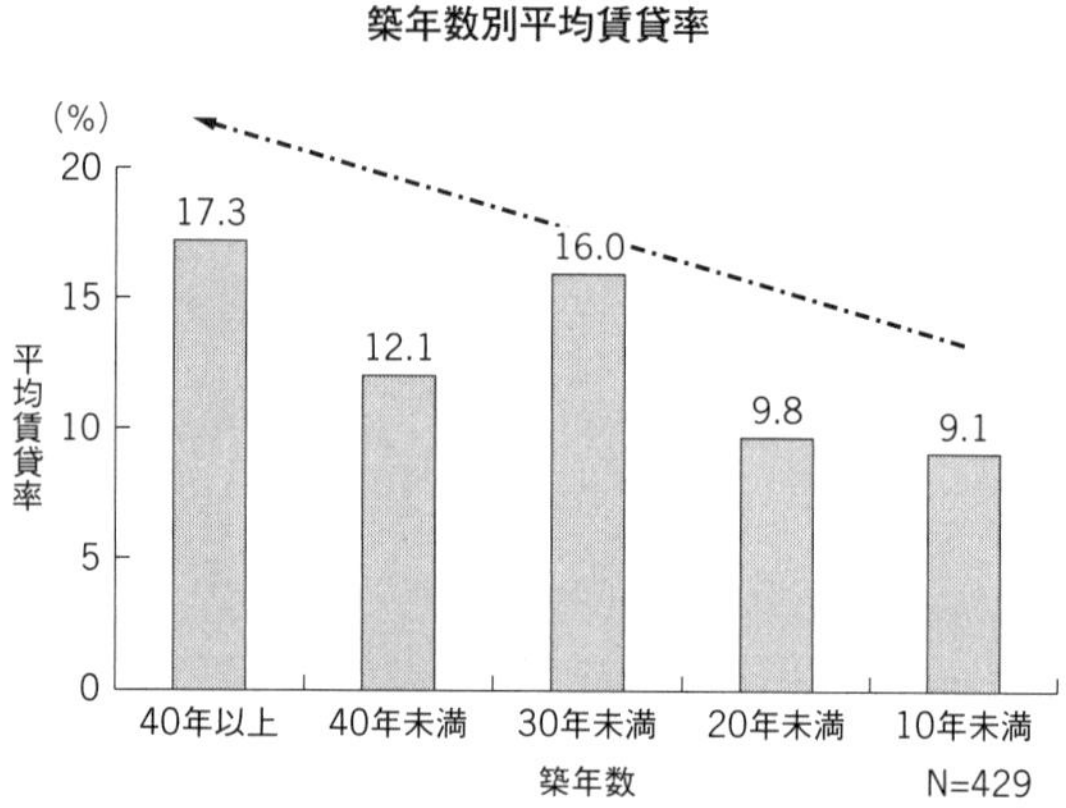

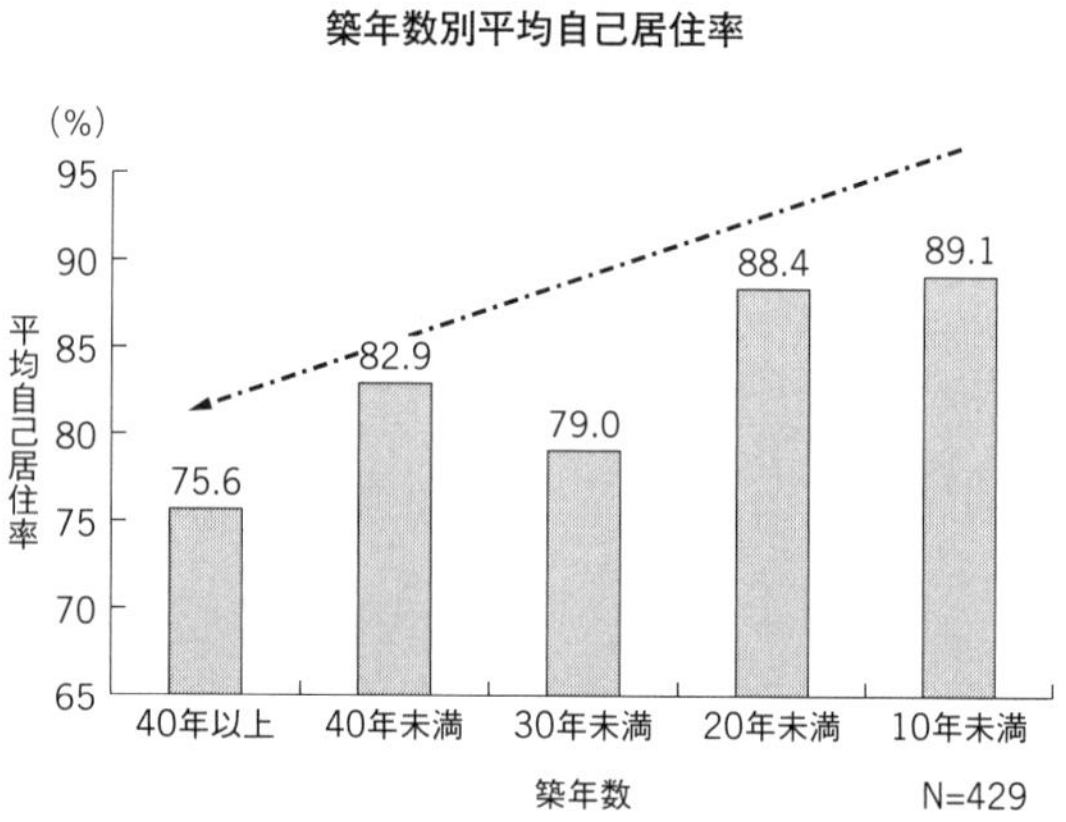

平均空き家率

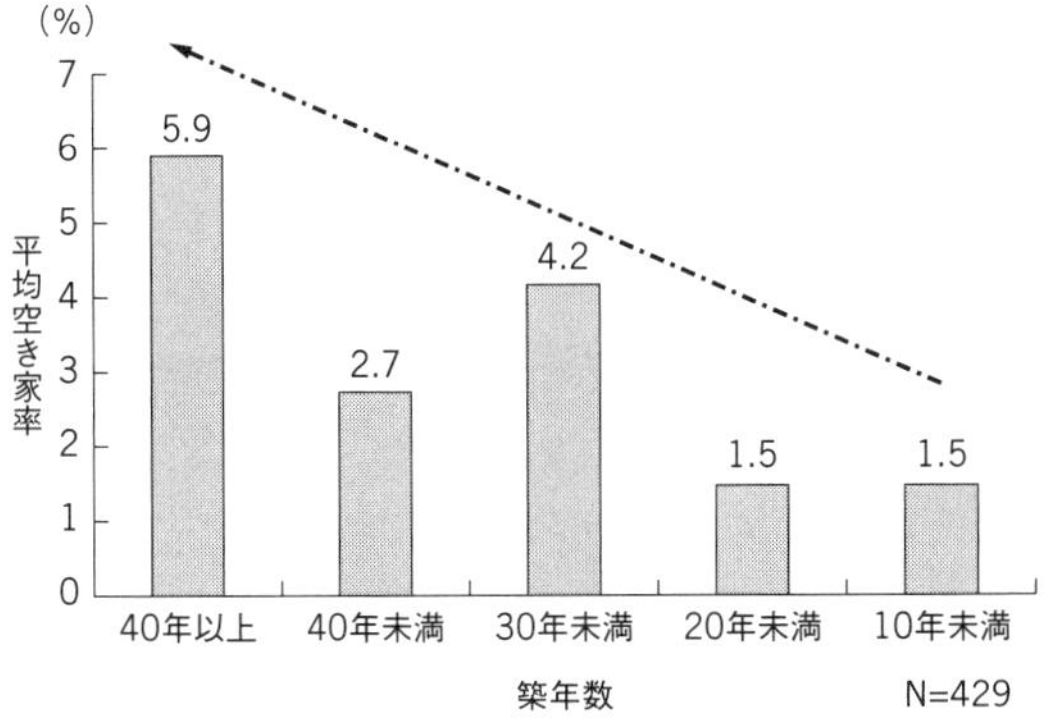

平均高齢化率（75歳以上）

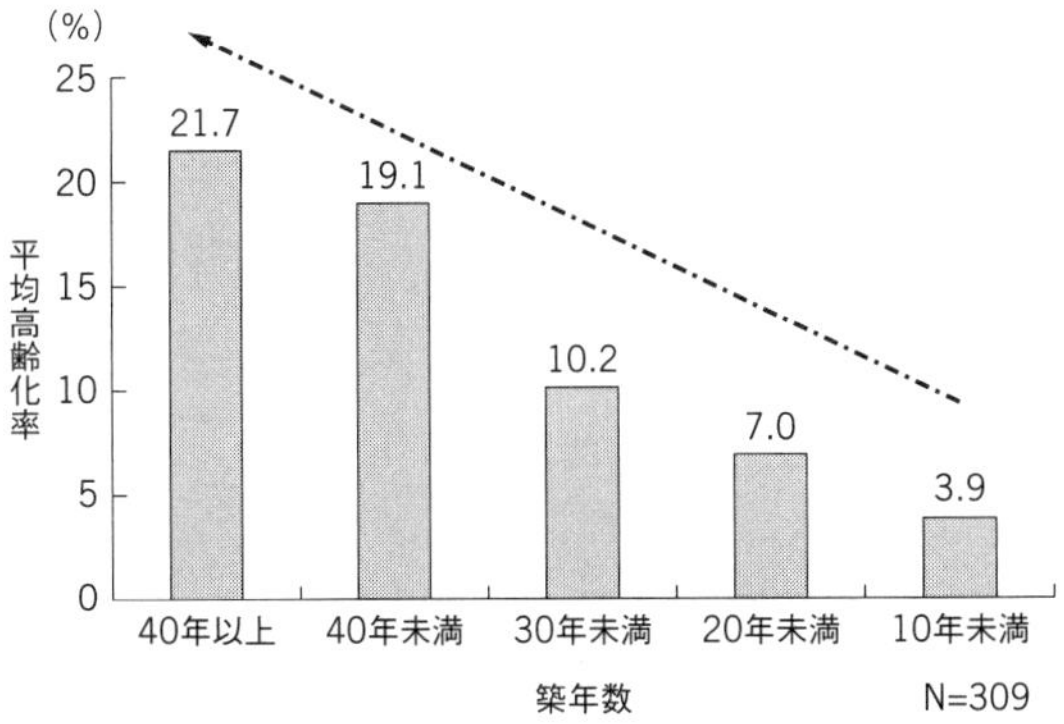

（出所）国土交通省

居住者のうち21・7％が75歳以上です。つまり、築40年になると、4人に3人しかそこに住んでいません。その居住者も4人に1人は75歳以上となっており、75歳未満で居住しているアクティブ層は全体の59・2％と、半分強しかいません。

同アンケートでは、高経年マンションほど管理組合総会決議の投票率が低下し、所有者不明の発生する割合が高くなること、また、所有者不明のケースでは、所有者の相続未完了や連絡が全く取れないなど、本人確認に苦労していることがわかります。

賃貸率が20％を超えると、大規模修繕の可否などを取り決める、総会における普通決議の投票率が極端に低下することも報告されています。

平成25（2013）年マンション総合調査（国土交通省）によれば、マンション全体の賃貸割合は13・7％、空室率は2・4％に過ぎませんが、経年により賃貸割合は高まり、築40年を超えると賃貸率は20％を超えます（図表10）。

住民の高齢化が進むと、大規模修繕のための修繕積立金の値上げや一時金の徴収が難しくなります。住民の多くが定期収入のない年金生活者であること、高齢であることから長い将来を見通せなくなっていることなどが主な理由です。

同調査によれば、そもそも修繕積立金の月額平均は1万7883円と、国土交通省が出して

図表10　完成年次別の賃貸戸数割合

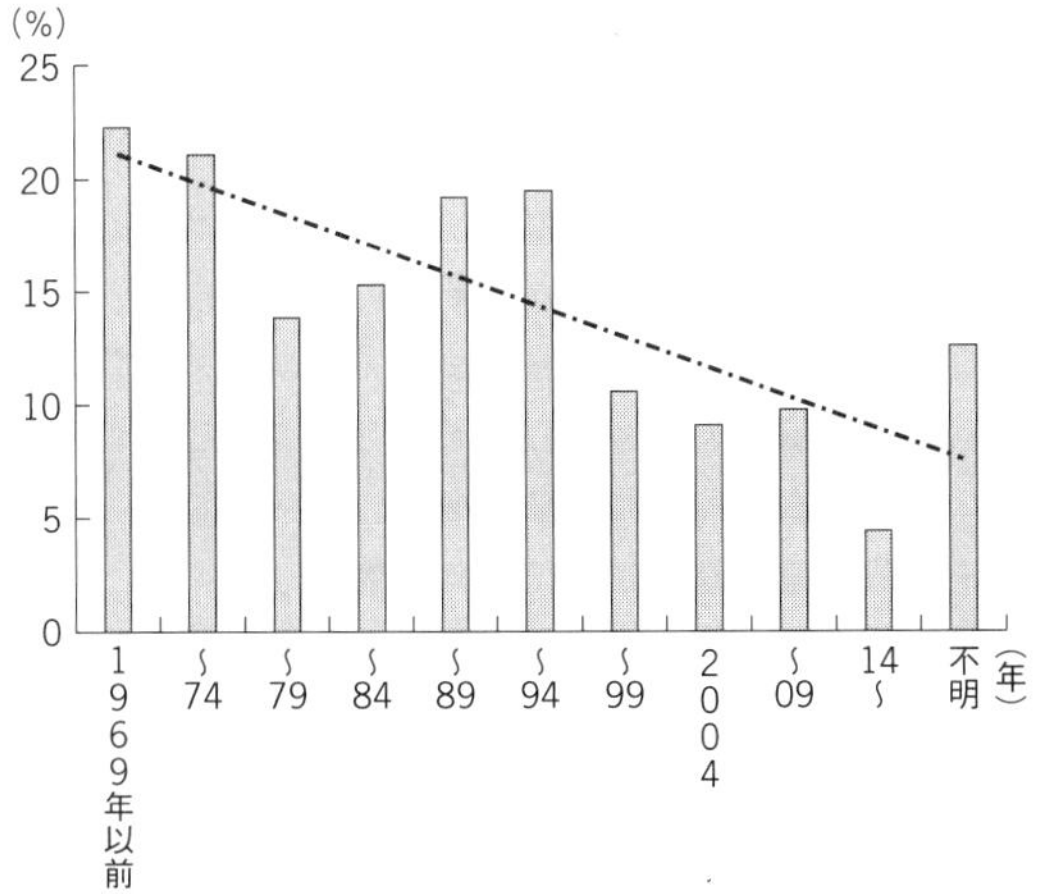

（出所）国土交通省

いるガイドラインの平均値1万6160円を大きく下回っています。

また賃貸化が進めば、所有者がそこに住まなくなる分、マンション管理に対する意識が希薄化します。そもそも外部居住者は理事になれないといった管理規約を設けているところも多くみられます。

国土交通省が16年から17年にかけ、管理組合に対して行った調査（「マンションの再生手法及び合意形成に係る調査」）によると、「連絡先不通・所在不明」の部屋があるマンションは全体の13・6％。連絡先不通・所有者不明物件のあるマンションの内訳は、築40

図表11　完成年次別の空室戸数割合

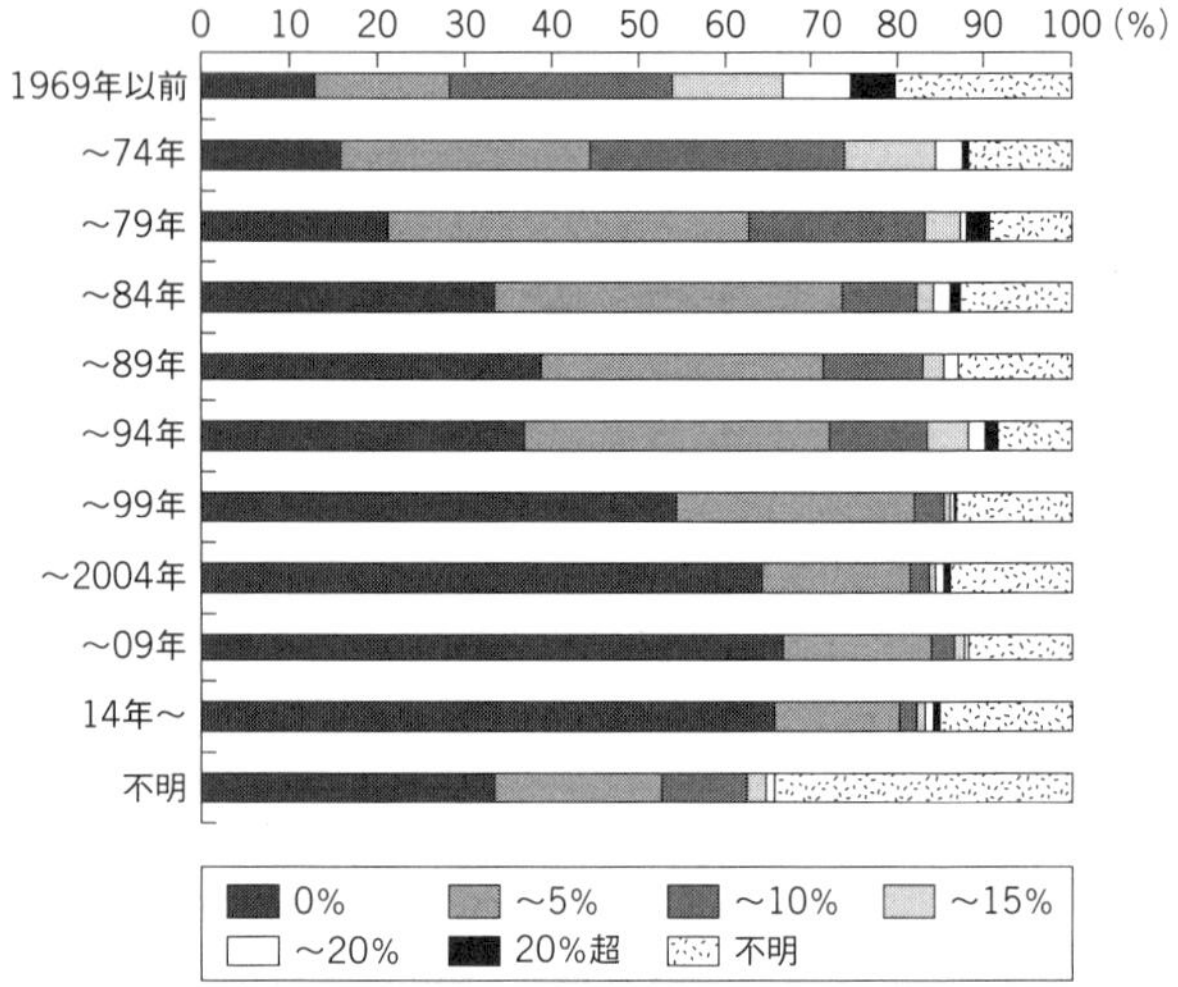

（出所）国土交通省

年以上が29％、築30年以上40年未満が24％と、高経年マンションが多数を占めます。

所有者と連絡が取れない部屋が増えると、①管理費・修繕積立金を徴収できない、②管理が行われないことで劣化が早まり周囲に悪影響を及ぼす、③多数決による総会決議が困難になるなど、マンション管理に様々な支障をきたします。同調査では、今後は建て替え決議などの成立が困難になっていくと考える割合が70％に達しています。

横浜市立大学教授の齊藤広子氏

は、「マンションの空き家率は10％未満なら管理組合の対応で何とか問題を表面化しないで進められるが、10％を超えると日常的に管理組合運営が困難となり、20％を超えると長期的な展望も、それに向けた取り組みも難しくなり、負のスパイラルに陥りやすくなる。さらに空き家化が大幅に進むとエレベーターが止まり、ガス・電気・水道も止まり、居住が困難となり、自力での再生は難しくなる」と述べています。

古いマンションは、災害対策も脆弱です。とりわけ東京都では、81年5月31日までの建築確認基準である、いわゆる「旧耐震」のマンション割合が26％と高く、それらは世田谷・中野・杉並・練馬区などの城西地区や、品川・目黒・大田区などの城南地区に多く分布します。マンション老朽化問題は「都市問題」として認知されてくるでしょう。

消費税率が8％から10％へ

政府は19年10月に消費税率を8％から10％へ引き上げる予定です。むろん今後の経済指標の動向や、18年9月に行われる自民党総裁選の行方などにもよりますが、スケジュールを考えると、遅くとも18年中には増税に踏み切るかどうかの方針が固まっているでしょう。

増税が決まった場合に備えて与党は、大規模な増税前の駆け込み需要と増税後の落ち込みが起こらないよう、自動車や住宅などについて政策的な配慮を行うつもりのようです。住宅市場発の景気変動はそれほどなさそうにも思えますが、一方で気になる調査があります。

京都大学大学院教授で内閣官房参与の藤井聡氏によると、京都大学で17年10月に行った心理実験で、8％から10％への消費増税はこれまでの増税の1・4倍の消費縮退効果が、とりわけ女性には2・9倍もの消費縮退効果があるという結果が出たそうです。この実験では男性女性100名ずつの合計200名に対し、商品購入をする様々な場面を想定、その状況下で5つの仮想増税状況を被験者に呈示します。

それぞれの場面で「商品を買い控えするかどうか」を測定することで、どのような増税がどれだけのインパクトを持つかを測定しました。

消費がこれほどまでに落ちる理由は、いろいろ考えられますが、要は「10％は税額を計算しやすいから」ということのようです。確かに「1万円の買い物なら消費税は1000円」と、誰でも簡単に計算できます。仮にこのような状況となると、住宅市場には緩和策があるため、さしたる影響を受けないとしても、他の消費財や日用生活品に大きなマイナスの影響をもたらします。景気悪化のルートを通じ、中古マンション価格に下落の影響をもたらす可能性があります。

ただし、都心などの高額物件は所有者の年収が高く、消費増税の影響を受けづらいことから、影響は限定的で、ミドルクラス以下のマンション価格に打撃を与えることになるでしょう。

そうなると、売却に二の足を踏む住戸が増える、「リバースモーゲージ」の借入可能額が低下するなどの影響から、マンションの流動性が下がります。リバースモーゲージとは、マンションなどの持ち家を担保にして、そこに住み続けながら金融機関から融資を受けられる、主にシニア層向けの融資制度です。生存中は金利分のみ支払っていればよく、死亡後は自宅を売却して、その代金を融資の一括返済に充てるのが一般的です。子孫に美田を残せませんが、「自身の財産を一生で使い切る」といった向きには最適な商品です。

同時に、増税によってマンション管理費が実質値上げされ、大規模修繕のコストも上昇しますので、長期修繕計画は必然的に見直しが必要となり、修繕積立金のさらなる増強がどのマンションも必至となるはずです。

しかし、ただでさえ多くのマンションで修繕積立金が不足しがちであるところに、人口ボリューム層である団塊世代が70歳代を迎えた高齢化社会では、さらなる増税によるコストアップは非常に厳しいものがあります。結果として廃墟マンションの出現を早めることにつながります。

2020年 金利上昇がマンションの負担に

18年からすでにアメリカ連邦準備制度理事会（FRB）は継続的な利上げを開始しており、欧州中央銀行（ECB）も18年で量的緩和政策を終了、19年にはマイナス金利を解除する見通しです。

一方、日本銀行は現政権の意向もあり、本格的な景気回復を実感できるまで、2％のインフレ目標をはじめとした現状政策を維持する方針ですが、政策協調を旨とする先進国中央銀行間の協定を守れていない中で、いつまで日本だけ現在の姿勢を保ち続けることができるのでしょうか。

日銀が2％目標達成へ向け異次元緩和を始めて5年経ちましたが、物価上昇率は生鮮食品とエネルギーを除くと0％台前半にとどまり、いまだに出口が見えない状況です。超低金利の長期化で金融機関の収益が悪化するなど副作用も目立ちます。19年には失業率や有効求人倍率の改善から給与所得者の給与が上昇基調に入ったことなどを契機として、2％のインフレ目標が達成できない場合でも、遅くとも2020年あたりには日銀が量的緩和とマイナス金利の解除を発表する可能性は高いのではないでしょうか。

そうなると金利はジワリ上昇をし始め、マンション価格は下落の方向に向かいます。金利が上がると、購入者の借入可能額が減り、マンション取得能力が減退してしまうからです。例えば毎月15万円の住宅ローンが支払い可能な家計の場合、金利1％（期間35年）なら5340万円借りられますが、金利が3％になると借入額は3900万円と、1440万円も下がってしまいます。

金利水準はマンション価格に直接的に影響します。12年の民主党から自民党への政権交代以降、マンション価格の高騰は低金利が支えてきた側面がありました。金利が上がると、所有マンションを売却して子どもと同居したり、介護施設に入るなどの動きも限定されてしまうでしょう。また管理組合にとっては、金融機関からの借入を原資に行う大規模修繕の負担が、ますます重く、厳しいものとなります。

羽田空路変更で高級エリアのマンションに異変

20年には東京オリンピック・パラリンピックが開催されます。また訪日観光客増大による国際線の需要拡大、さらには国際競争力の強化を狙った旅客機の増便のため、東京都心の閑静な高級住宅街上空を、飛行機が航行する可能性があります。

いくつかの計画ルートがあるうち、都心上空の新たな着陸ルートは、南風が吹いている午後15～19時に限り、東京23区を北西部から南東方向に縦断します（図表12）。初台、渋谷、目黒、大井町を通過するA滑走路ルートが1時間に13便、新宿、表参道、広尾、品川、大井ふ頭を通過するC滑走路ルートが1時間に31便となる見込みです。

このルート変更によって滑走路をより効率的に運用することが可能になります。1時間の発着回数は80回から90回へ、国際線の発着回数も1年当たり最大で3万9000回と、現在の1・5倍以上に増やすことができる見通しです。

問題は具体的な「高度」と「騒音」です。渋谷駅周辺は高度600メートルで最大74デシベル（db）、五反田駅、品川駅周辺は高度450メートルで76db、大井町駅周辺に至っては高度300メートルで80dbとなります。70dbといえば「掃除機の音」「電車の車内」「ステレオ」（正面1メートル、夜間）「騒々しい事務所の中」といったイメージです。80dbに至っては「交通量の多い道路」「地下鉄の車内」「ボウリング場」「機械工場の音」などと同等ですから、相当にうるさいはずです。

駅前など商業系地域はともかく、松濤、青山、代官山、白金、御殿山といった閑静な高級住宅街でこうした騒音が響き渡る影響はどのようなものでしょうか。とりわけ昨今、林立しているタワーマンションの場合は、より飛行機に近くなります。30階建ての建物なら最上階はざっと90メートル、騒音もそれだけ大きくなるはずです。

図表12　住宅密集地を横切る羽田空路新ルート案

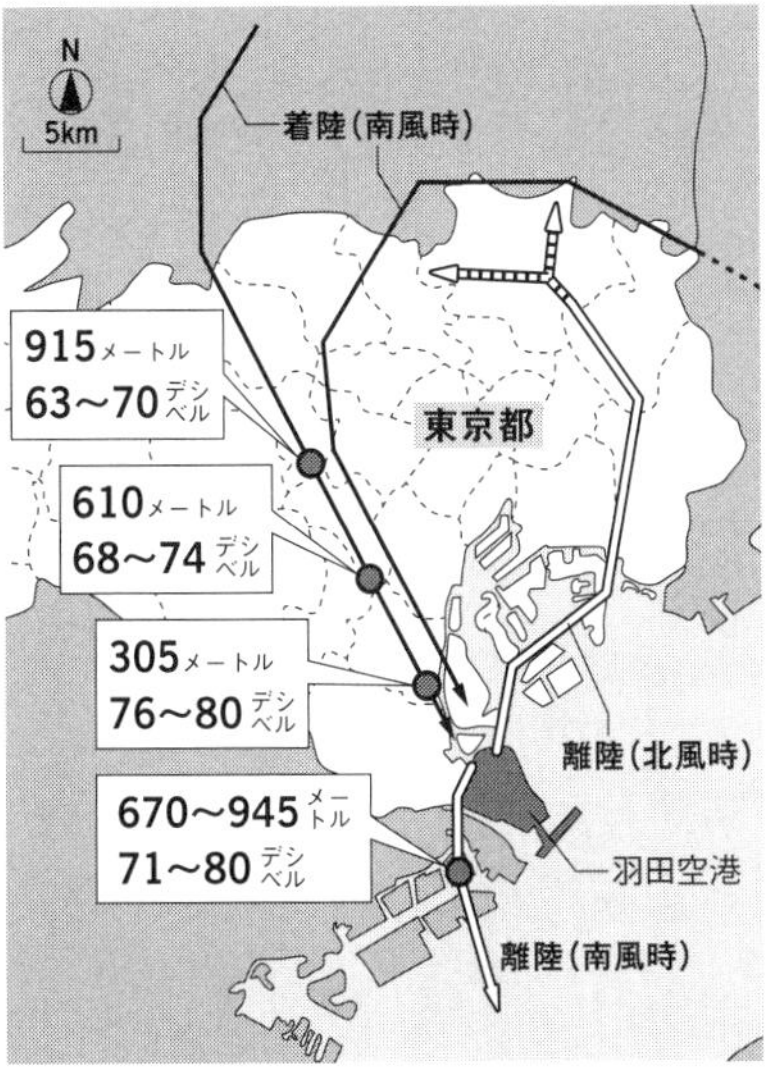

（出所）国土交通省

　国交省はこうした懸念に対し、「不動産価値については、周辺の騒音等の環境面や立地、周辺施設等の地域要因だけではなく、人口の増減等の社会的要因、財政や金融等の経済的要因、土地利用計画等の行政的要因、あるいはそもそもの需要と供給のバランスなど経済情勢を含めた様々な要素が絡み合い決定される。従って、航空機の飛行と不動産価値の変動との間に直接的な因果関係を見出すことは難しい」としています。

確かに、飛行機騒音と不動産価格、とりわけ高級住宅地との因果関係は、国内には実証的なデータも研究も、めぼしいものは見当たりません。

そこでまず、米国のロサンゼルス空港の事例を参照してみましょう。あるコンサルタント会社が94年に連邦航空局に提出した「空港騒音の住宅価値に与える影響報告」によると、ロサンゼルス国際空港北部の中価格帯地域で2地点を比較したところ、静かな地点のほうが、18・6%不動産価値が高い、1db当たりに換算すると1・33%不動産価値が高いという結果になりました。

日本のケースを考えてみましょう。「環境基準」（環境省）の基準値A及びBに基づき、環境基準は55db以下とします。これらをもとにシミュレーションをすると、代官山や白金あたりの騒音は環境基準程度ですから、不動産価格は最大25%、大井町駅周辺では60db程度なので、最大26%価格が下落する可能性があります。

一般に、悪臭や騒音や振動などを発生させる、いわゆる「嫌悪施設」が周辺にあると、不動産価格は下落します。例えば、閑静な住宅街の真ん中にいきなり工場が建てば、その影響は計り知れません。こうしたことを勘案して、都市計画法では用途地域を指定しています。主に商業系、工業系、住居系の３つに分類し、土地利用を制限しています。

一般論として、ゴミ焼却施設や下水処理場、葬儀場、火葬場、刑務所、火薬類の貯蔵所、危険物を取り扱ったり、悪臭、騒音、震動などを発生させる工場、高圧線鉄塔、墓地、ガソリンスタンドなどが嫌悪施設に該当しますが、明確な定義はありません。宅地建物取引業法では、「相手方の判断に重要な影響を及ぼすこととなるもの」に関して説明義務を課しているだけです。

ゆえに、こうした嫌悪施設から具体的に何メートルの距離にあった場合とか、どの程度の騒音の場合といった基準もありません。したがって、どの程度の状況なら説明するかといったさじ加減は、不動産各社にゆだねられているのが実情です。

飛行機騒音が不動産価格に与える影響は、実際のところ具体的に飛行機が飛んでからでないとわかりません。一日中騒音がするわけでもありませんし、実際に飛んでみたら大して気にならなかったという可能性もあり得ます。

ただし懸念されるのは、前述の通り、「閑静な高級住宅街」において、とりわけ音源に近い「タワーマンション」の価値がどうなるかです。加えて飛行機からの落下物などの事故が起きたりすると、該当立地の不動産価格に大打撃を与える可能性があります。特に富裕層などは、「御殿山はうるさいし危険だからやめておこう」といった風潮になる可能性が高いかもしれません。

2021年 大規模修繕工事費は「下がらず」

東日本大震災の復興需要や安倍晋三政権の国土強靭化計画に伴う建設需要、東京オリンピック・パラリンピックの開催に伴う建設需要によって上昇を続けてきた建設費を嫌気して、大規模修繕工事を20年以降に先延ばしする管理組合が多くなっています。しかし、おそらく20年以降も建築費は下がらないどころか、むしろ上昇圧力があると思います。

なぜなら、前述の建設需要に加え、高齢化に伴う折からの建設職人不足で、18年時点で多くの建設会社が22～23年程度までの受注見込みを抱えており、すでに住宅・オフィスビルともに工期の遅れが目立っているためです。

工事現場の機械化など、ほぼ無人で工事が行えるほどのテクノロジーの進展はこの状況を一変させる可能性もありますが、21年時点ではまだ訪れないでしょう。五輪以降に大規模修繕工事を行おうと思っていた管理組合が、一斉に工事の発注へと動き始めれば、工事費は下がるどころか、上昇する可能性もあります。

工事を先延ばしにしてきた管理組合は、以前よりも多額の工事費を捻出するか、必要な工事を先延ばしにするなどの厳しい対応を迫られそうです。

08年のリーマンショックは、それまでなんとか生き延びてきた建設業者にとって大打撃となりました。09年には政権交代が起こり、鳩山由紀夫政権は「コンクリートから人へ」を掲げ、公共事業の削減を目指しました。建設業者にとってはリーマンショックで資金繰りが悪くなったところに仕事が激減、廃業が相次ぎました。

そして11年の東日本大震災。関東圏の建設職人の多くは復興のため東北に行き、関東圏の建設現場は関西圏から職人を集めるなど、慌ただしい状況が続きました。

12年には安倍政権が発足、それまでの民主党政権の方針を転換して公共事業の拡大を宣言。これで人手不足はさらに加速します。13年には東京オリンピックの開催が決まります。

この時には建設業者の間で「オリンピックに向けていったい誰が工事をするのか」といった声すらあがりました。

おりから建設職人の高齢化が問題視されていた建設業界では、リーマンショックで引退した高齢の職人が再び建設現場に戻ることはありませんでした。若手も3Kと言われ、給与も高いといえない建設業に魅力を感じないためか流入はなく、恒常的な人手不足が続いています。建設業の就業者数は97年の685万人をピークに、17年には498万人と3割弱も減少。21年にはさらに減少予定で、この傾向はこの後もしばらく続きます（図表13、図表14）。

人手不足は工事の量や質の低下・劣化を生み、建設会社にとっては頭痛のタネです。建設職人の高齢化や若年層の不足、リーマンショックやアベノミクスによって人手が不足してきた経緯の中で、五輪は要素の一つに過ぎません。人手不足は建設費の高止まりの大きな要因であり、住宅やオフィスの建設、大規模修繕工事などに今後も大きな影響を与え続けるでしょう。

図表13　建設投資、許可業者数及び就業者数の推移

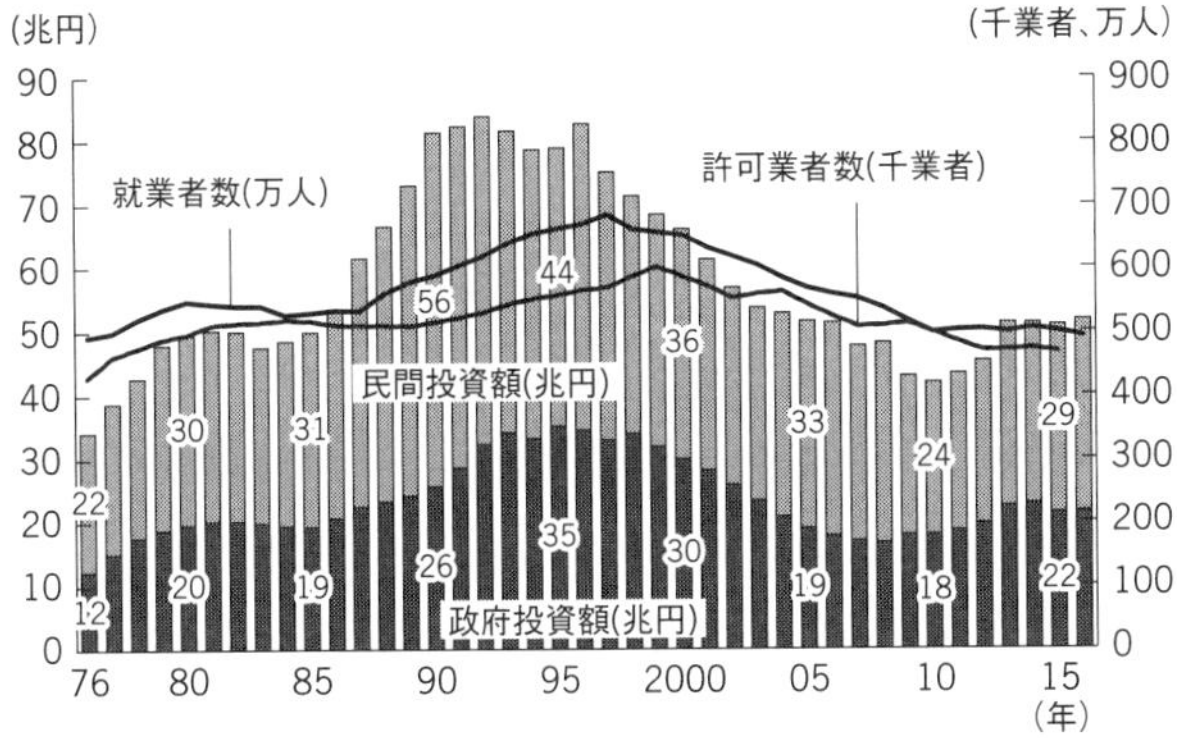

（出所）国土交通省

図表14　高齢者の大量離職の見通し（中長期的な担い手確保の必要性）

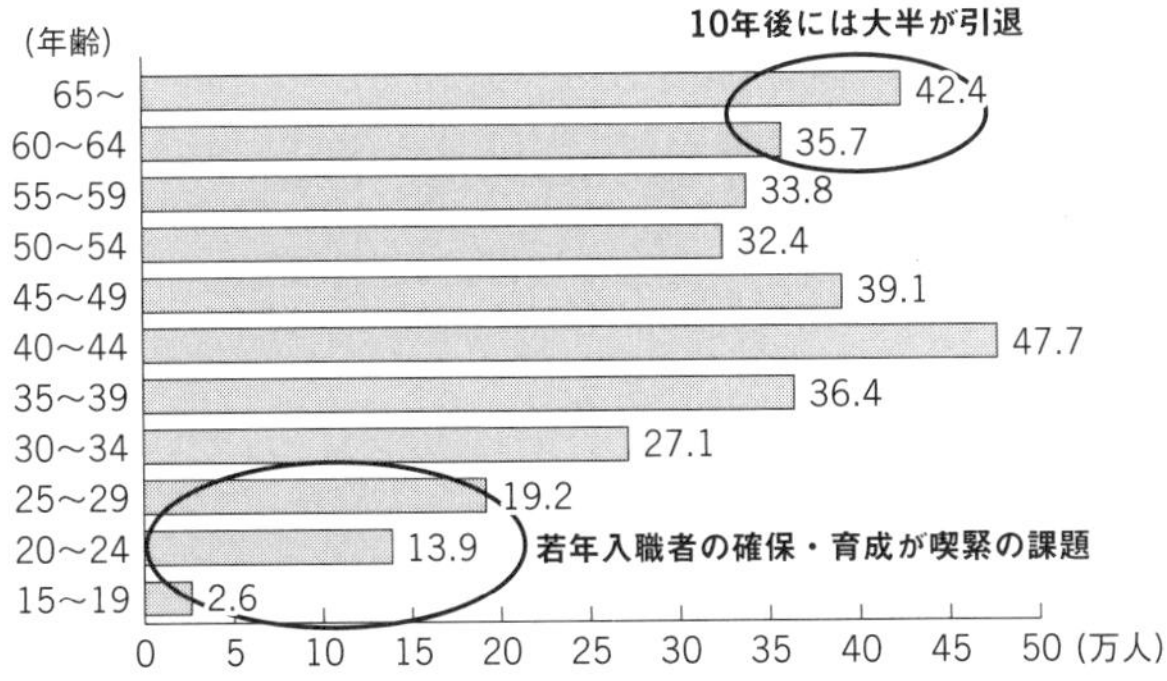

（出所）総務省「労働力調査」を元に国土交通省で算出

2022年 住宅市況が悪化

「2022年問題」とは、簡単に言えば、92年の「改正生産緑地法」で農地並みの課税を認められた都市内にある大量の農地が、30年後の2022年以降、期限切れで放出されるリスクのことです。

この事態を踏まえ「条件付きで10年延長できる」「市民農園として貸し出せば農地並み課税のまま」といった様々な方策が打ち出されていますが、結局のところ都市農家がこの期限を延長するかどうかは、「後継者がいるかどうか」という問題に帰着します。

自治体が17年前後に、農家に対して行ったアンケートによると、どこもおおむね「今のところ売る予定はない」といった回答が大勢を占めており、それを受けて政府や自治体もやや安心している節がありますが、実はこれは油断なりません。

というのも、17年あたりにアンケートを取った時点では、22年まではまだ5年もあり、子どもなどの後継者と今後のことについて話し合いを持っていないケースが相当数あり、その場合は「〝とりあえず今のところは〟売る予定はない」と回答している向きも含まれているものと思われるからです。

筆者がフィールドワークした実感では、少なくとも農地全体の20％、多くて30％程度が不動産市場に出てくる可能性があるのではないかと考えています。仮に25％の農地が市場に出てくるとなると、それはおよそ東京ドーム７００個といった途方もない規模です。どれも超一等立地とはいえないものの、すべて都市内にあります。都区部では練馬、世田谷、杉並、足立、葛飾、江戸川など外周部に集中して分布しています。

こうした農地が市場に出た場合、新築マンション用地にふさわしい立地や規模の土地はそうなさそうですが、一番ニーズがありそうなのが、新築一戸建て建設用地です。たとえ売らないとしても、多くのケースで相続税対策としてアパートが建ちそうです。

なぜなら日本の税制は更地のまま持っているより、アパートなどの住宅を建てたほうが、相続税評価額が大幅に減額となるからです。このように、いずれにしても住宅が大量に建設される可能性が高くなります。

その結果はといえば、おそらく地域によってまちまちで、住宅としてニーズのある地域では順調に販売や入居が進みそうですが、そうでないところでは販売・賃貸とも不調で、周辺地域の不動産価格・賃料を押し下げます。何より社会全体としてみれば大幅な住宅供給過剰となり、その結果は「弱い地域がさらに弱くなる」現象を引き起こしそうです。とりわけ駅から遠い、築年数が長い、競争力に欠けるマンションには、空き家増加の加速といった打撃をもたらすでしょう。

2025年
「廃墟マンション」が都市部に出現

このころ日本の総人口は1億2200万人で、高齢化率は30%と、3人に1人が高齢者となります。全都道府県最強の人口動態を誇った東京都の人口もついに減少に転じます。全国の空き家数は1400万戸、空き家率は21・1%へと急上昇しています。5軒に1軒以上が空き家の時代の到来です。

国が公表する公示地価（3月公表）や、都道府県による基準地価（9月）は、都心部など一部立地が底堅い中、全国平均は下げ止まる気配がありません。17年あたりから顕著になった不動産市場の「価値が落ちない」「だらだらと下落」「無価値」の3極化は、ますます進む

図表15 駅からの距離1分あたり中古マンション成約価格の下落額
(千葉県柏市・柏駅のケース)

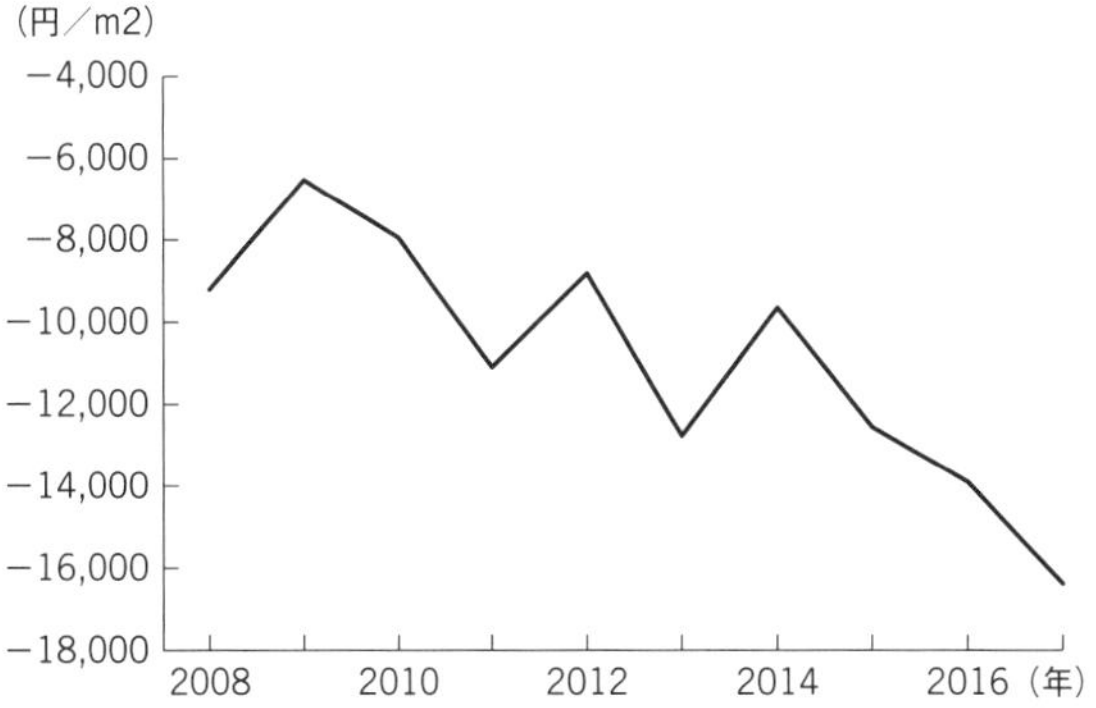

（出所）東日本不動産流通機構のデータをもとに作成

でしょう。

18年時点でも、駅からの距離別の中古マンション成約単価は、少し前より格差が広がっています。例えば、典型的なベッドタウンである千葉県柏市では、柏駅から1分離れるに従い、08年には平米あたり8000〜1万円程度の下落カーブでしたが、これが年々先鋭化し、17年時点では1分あたり平米1万7000円と、急角度の下落となっています（図表15）。

これは都心部でも同様です。東京都心7区（中央、千代田、港、新宿、渋谷、品川、目黒）の各駅から1分離れた中古マンション成約単価の下落率は、5年前は平米あたり8000円程度でしたが、18年（5月末時点）で

図表16　駅からの距離1分あたり中古マンション成約価格の下落額（東京都心7区）

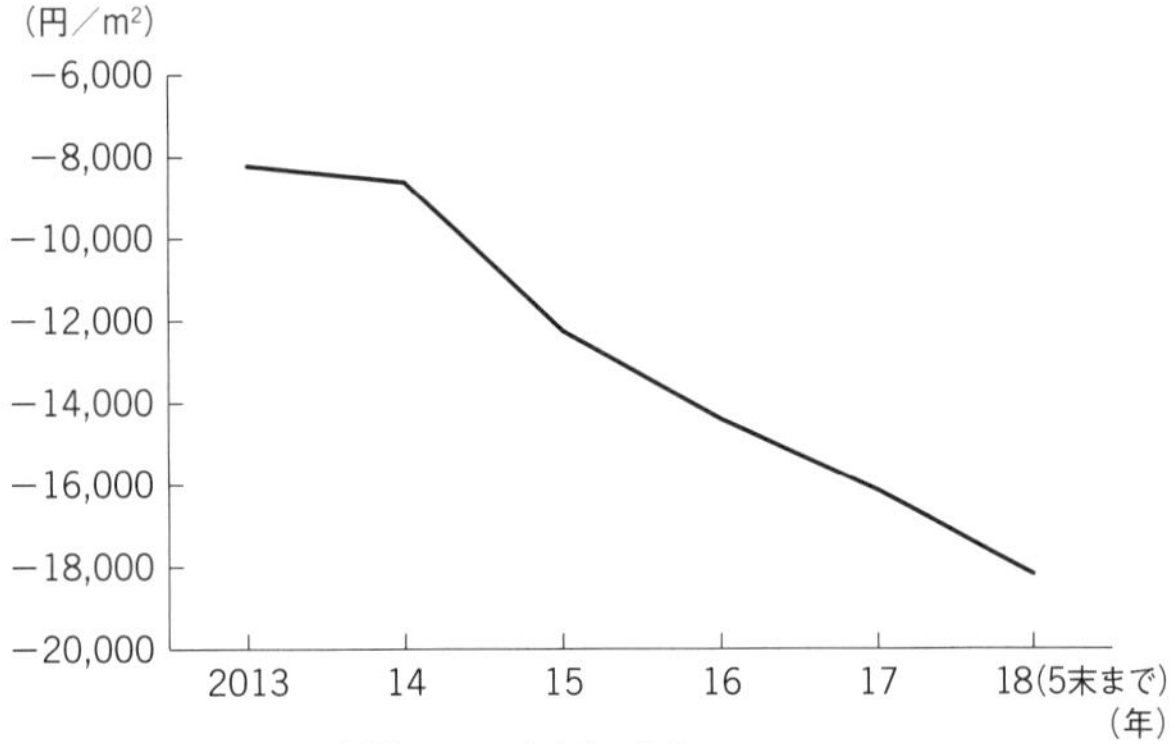

（出所）東日本不動産流通機構のデータをもとに作成

は1万8000円に拡大しています（図表16）。

都心でも都市郊外でも、地方でも、あらゆるところでこうした格差のフラクタル構造が見られます。25年段階では、駅から離れたときのマンション価格下落カーブが、現在の2倍以上の急角度となっていても不思議ではありません。

また、この頃には18年や20年の水準より一段の金利上昇を前提としておくのが自然で、そうなると不動産価格にはそれに応じた下落圧力がかかります。

「都心一等立地」や「駅直結」「駅前・駅近」「大規模」「タワー」といったキーワードに代表されるマンションは、比較的堅調、「駅遠」

「郊外」といったマンションは、金利上昇の影響ももろに受けさらに下落、資産格差の拡大に拍車がかかる事態となるでしょう。

価格が下落していくということは、言うまでもなく「需要がないこと」を意味します。住民の新規流入がなく、空き家が増加する、住民の高齢化が進展するといったジリ貧のスパイラルを招き、マンションを適切に維持していくのがますます厳しくなっていくことを意味します。

マンションの建て替え進まず

マンションは、建物と住民の深刻な「2つの老い」に直面していきます。圧倒的な人口ボリュームゾーンである団塊の世代がすべて75歳以上の後期高齢者となり、孤独死が頻発します。築50年超えのマンションは32万戸を超え、いよいよ「廃墟マンション」の存在が明らかになっていきます。

建物はボロボロなのに修繕積立金は枯渇し、必要な建物修繕がままなりません。かといって年金暮らしが多数を占める高経年マンションでは、修繕積立金の大幅値上げや一時金徴収といった方策をとれず、まさに「八方ふさがり」の状態です。

多額の借入によって大規模修繕を行うという手も、結局は修繕積立金の上昇につながる話であり、消極的になる区分所有者が多いうえ、かつてのように低利の融資が望めないので、おのずと限界があります。

ましてや千万単位のコストがかかる建て替えとなると、おそらく全国でもせいぜい年に10件ペースと、遅々として進まないでしょう。こうした劣化が明らかなマンションには、若年層による購入・賃貸などの新規入居もなく、廃墟化が加速度的に進行、人口密度が高い都市部や郊外ベッドタウンにおける社会の暗部が浮かび上がります。

全国の空き家を埋めるために「2地域居住」の推進が国会で議論され、住宅ローン残高の一定割合が所得税から控除され税金還付される「住宅ローン控除」（住宅借入金等特別控除）が現在マイホーム1軒にのみ認められているのが、2軒目まで適用となるなどの方策が打たれたとしても、すでに空き家になっている物件には向かわず、おそらくさらなる都心部への一極集中や一部のリゾート物件への投資を招くだけでしょう。

人口増加策として「移民受け入れ」も一定の議論はされるでしょうが、街に外国人があふれ、防犯などに漠然とした不安を持つ向きも多く、保守的な日本人には合わず、大きくは実現しないものと思われます。

マンションの空き家問題、廃墟化問題解決のため、区分所有者及び議決権の各5分の4の賛成で「建て替え」という選択肢はどうでしょうか。残念ながらこれもほとんどのケースで期待できないでしょう。これまでに行われたマンションの建て替えは、前述の通り17年4月1日時点で、実施準備中のものまで含めてわずか268例と、マンションストックの0・0004％に過ぎません（図表17）。

マンションの建て替えを実現するためには、当然古い建物の解体費や新築の建設費、諸費用、引っ越し費用などを捻出しなければなりませんが、所有者全員が足並みをそろえて多額の費用を出すのは容易でありません。5分の4の賛成があれば理論的には建て替え可能ですが、要は全体として建て替えに向けた「強い意志」と、建て替えに「事業性」がないと成立しません。

確かに5分の4の賛成があれば、反対する人の権利を買い取ったり（売り渡し請求）、権利分を保証金として渡し清算するといったことも可能です。しかし現実問題として、実際の現場では、買い取り価格を吊り上げられたり、「ここで一生を終える」とおっしゃる高齢の方がいて交渉が長引いてしまったり、建物の老朽化を賃貸契約解消の正当事由としない借地借家法が立ちはだかり、賃貸人がなかなか出ていかない、そもそも建て替え費用が捻出でき

図表17　マンション建て替えの実施状況

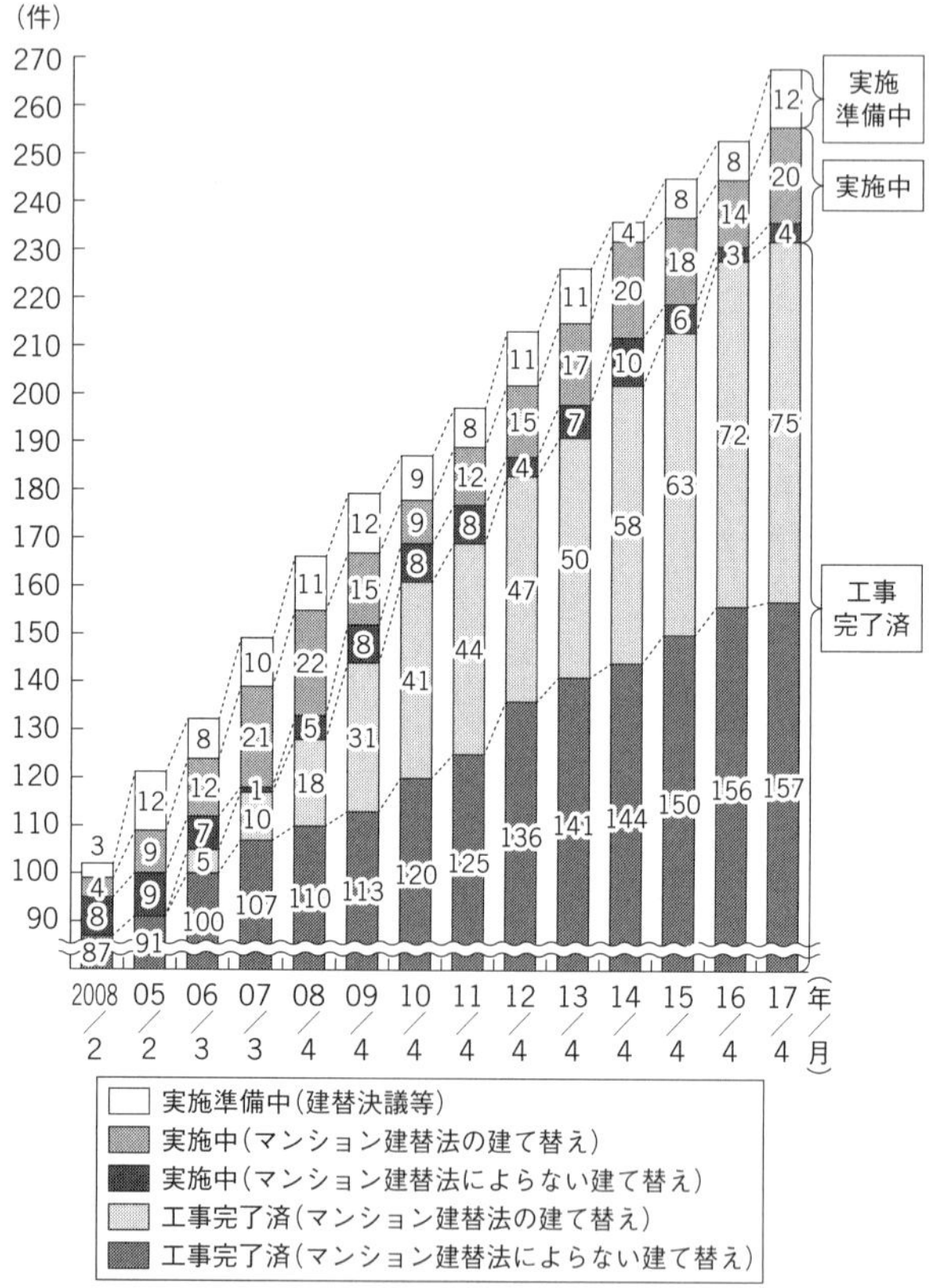

（出所）国土交通省

ない、など、様々な理由からマンションの建て替えが進みません。

実は、これまでに建て替えが実現したマンションのほとんどは、容積率が余っていたために以前より大きな建物を建てることができ、余剰分を売却することによって建て替え資金を捻出できたケースです。

こうした手法は、建て替えに携わる事業者にとって、建て替え後に引き取った住戸が市場で売れるかどうかで決まります。つまり事業者がリスクをとって事業を行えるという前提があって初めて成立する手法でもあるため、立地的に販売が難しいと事業者が判断すれば、そもそも実現しません。

マンション立地に対する評価は時間の経過とともにますます厳しくなっています。前著『不動産格差』には「マンションは『駅7分以内』しか買うな！」というキャッチコピーがついていますが、これは複数の新築マンションデベロッパーの用地仕入れ担当者にヒアリングしたところ「求められる駅からの距離は年々短くなっており、昨今では駅7分を超えると用地仕入れには非常に慎重になっている」という見立てを複数耳にしていたためです。

またトータルブレイン社の調査結果によれば、17年の首都圏新築マンション販売は「徒歩8分」で明暗が分かれた模様です。徒歩9分以上になるととたんに販売が苦戦していることから、「今や駅徒歩8分以内の分譲はマーケットの常識」だそうです。

昨今の新築マンション市場は「都心」「駅前・駅近」「一等立地」「大規模」「タワー」といったワードに代表されるマンションが主流を占め、「駅遠」「郊外」「小規模」といったマンションは極端に減りました。この傾向は今後さらに顕著になるものと思われ、事業採算性に見合う立地にないマンションにとっては、建て替えなど夢のまた夢です。

住宅金融支援機構の「まちづくり融資」（高齢者向け返済特例）という金融商品は、建て替え費用1000万円を限度に借入ができます。生存中は毎月8000円程度の利息支払いのみの支払いでよく、所有者が亡くなったら相続人が清算します。非常に有用な仕組みですが、これも前提として建て替えに事業性がある場合の選択肢です。

さらに建て替えを難しくしているのは、世の中に数多く存在する「既存不適格マンション」の存在です。既存不適格マンションとは、簡単に言えば、「建設当時は適法だったが、後の法改正で不適格となった物件」です。国土交通省によれば、70年以前の建設で67％、71〜75年の建設で65％ものマンションが「既存不適格物件」です。具体的には「建設時には容積率200％だったものが、現在は100％になっている」などの場合です。

単純化すると、100平米の部屋が全100戸ある既存不適格マンションの建て替えを行うとしても、50戸分しか造れなかったり、１００戸を造ろうとするとすべて50平米になってしまいます。これでは建て替えの同意など得られるはずもないでしょう。

建て替えが可能となるマンションは、「現在よりも大きな建物を建てることができるか、今後その見込みがある」「新築・中古を問わずマンションの需要が根強い地域である」という特徴があります。以下の項目のうち、５つ以上満たせるならば、建て替えができる可能性は高く、３つ以下なら建て替え可能性はほとんどないといっていいと思います。

□低層で、建て替える場合には現在の2倍以上の面積の建物を建築可能。
□複数の棟で構成された、総戸数が２００戸程度以上の大規模な団地。
□マンションの立地が高度利用地区内にある。
□都市計画（用途地域）などの見直しにより、マンションが建築された当時よりも容積率が2倍以上大きくなっているか、今後見直しの予定があり、現在の容積率よりも2倍以上となる見込みがある。

※高度利用地区や容積率については、市（区）役所へ問い合わせるか、ホームページなどで確認できる場合があります

□駅前または駅近くの立地条件。
□近所で新築マンションが販売されると、人気が高く、早期完売することが多い。
□築年数が長く老朽化しているが、中古マンション市場で根強い需要がある。

14年の「マンション建替え円滑化法の改正」では、耐震性不足の認定を受けたマンションについて5分の4以上の多数の賛成により、マンションと敷地を売却する「マンション敷地売却決議」を可能とする制度等が創設されています。

耐震性不足と判断されたマンションなら、敷地を売却してマンション管理組合を解散するといった手もあるにはありますが、これも結局、その敷地を買い取る事業者が買い取り後、何らかの形で事業化できるのか、の採算性がポイントになります。

立地によってはかなり安くしなければ売れず、解体費用すら捻出できない、あるいはまったく売れず、解体費用すら捻出できず、放置されるケースのほうが圧倒的に多いはずです。

そうしたマンションは荒れていく一方でしょう。80年代後半のバブル期に量産されたリゾートマンションでは、それに近い現象が起きています。かつて高額だったマンションも、今では数万～数十万円程度で買えるようになり、低所得者層が流入しているケースです。

マンション（RC＝鉄筋コンクリート造）の寿命には諸説あります。例えば、117年（飯塚裕、1979『建物の維持管理』鹿島出版会）、68年（小松幸夫、2013「建物の平均寿命実態調査」）、120〜150年（大蔵省主税局、1951「固定資産の耐用年数の算定方式」）などです。寿命は配管の種類や箇所にも大きく左右されますが、思いのほか長持ちするイメージでしょう。

しかし、いずれにせよ適切な点検と修繕が行われなければ、こんなには長持ちせず、マンションは廃墟化します。資産価値はもちろん大幅下落あるいは無価値に向かうしかなく、居住快適性は失われ、「売れない、貸せない。かといって何もできない」といったお荷物となります。廃墟マンションの存在は、景観を損ね、時には犯罪の温床にもなり、周辺の不動産価格に悪影響を与えるでしょう。

国土交通省が平成28（2016）年12月、マンション建て替え事業者に対して行ったアンケート調査結果によれば、マンション建て替えに際し、区分所有者の平均負担額は、96年以前は約340万円、97〜2001年は約380万円、02〜06年は約870万円、07〜11年までは約930万円、12〜16年までは約1100万円と、年々負担額が上昇しています。これは、容積率が大幅に余剰している老朽マンションが年々少なくなっていき、建て替えのハードルが上がっていることを意味します。

マンションの建て替えを容易にするために、「容積率緩和」や「斜線制限・日影規制撤廃」といった方策も考えられるでしょう。

ただし、こうした政策は、日本全国の老朽化したマンション全てに適用することはできないはずです。なぜなら、もし必要以上の数のマンションが、現在の数倍の大きさに建て替えられてしまった場合、本格的な人口減少社会に突入する日本全体としては、さらなる空き家を生み出すことにしかならないからです。

したがって仮にこうした方策がとられる場合は、国が各自治体に、今後の人口動態を踏まえ、街のコンパクト化と合わせて、容積率ボーナスを与える立地を限定するよう求めるはずです。結果として特定のマンションにだけインセンティブを与えるこうした法案は、私有財産に格差をつける政策として問題視され、おそらく国会でも世論としても大紛糾になりそうです。

建て替えのできないマンションの住民には、一定の補助金・助成金を与えたり、住宅ローンの金利優遇を行う、リバースモーゲージを設定することで実質負担を金利のみに軽減するなどして、優先的に建て替えマンションに移動できるように調整すれば、実現する可能性もあるでしょう。

しかし、この場合でも実際に建て替えが実現できるのは、年数十棟に過ぎないはずです。理由は前述した通りです。高経年マンションほど、数年を要する建て替えや引っ越しには、どんなに建物がボロボロであっても、生活の不便さを感じていても、消極的なお年寄りが多いこと、認知症の発症や介護施設に入るなどして意思表示もままならないケースが増えることなどが主な理由です。

また、いくつかのケースで建て替えが実現したとしても、建て替えのできない廃墟マンションから、住民が一斉に引っ越しすることにはなりません。中には頑として動かない人もいるでしょうし、すぐに住民の移動が進むことにはならないでしょう。

2026年
中古マンション市場活性化策で格差拡大

国の住宅政策の方向性を指し示す「住生活基本計画」は5年ごとに見直されており、26年は見直しの年にあたります。本計画ではリフォームと中古住宅市場について25年までに倍増

（13年比）させることを計画していましたが、現在のペースでは目標は全く達成できていないはずです。野村総合研究所は25年のリフォーム市場規模を、17年と同程度の6兆円規模と試算しています。

そこで、同目標達成のために、さらなる促進策が打ち出される可能性があります。中古マンションの流通活性化策として十分にあり得るのは、宅地建物取引業法を改正することによって、「総会や理事会の議事録」「修繕の実績と積立金額」「長期修繕計画」など、マンション管理の具体的詳細資料について、不動産取引時の公開を義務付けることです。

これによって管理状態の良し悪しがマンション価格に如実に反映されるようになり、高経年マンションでも質の良いものは安心して売買できるようになります。マンションの管理状態が公開されると、金融機関はマンション管理のレベルに応じて10段階の格付けを行うなどして、そのレベルによって担保評価に大きく格差をつけるようになるでしょう。

するとダメなマンションはとことん担保評価を落とし、満足な融資が受けられず取引が成立しにくくなり、資産価値が大きく下落することになります。一方、立地が良く管理状態が良好なマンションは、築年数が経過しても価値が落ちず、中には新築時より高値で取引されるものも出てくるという「マンション格差」が生まれます。

中古マンション市場は以前に比して相当程度活性化します。しかし、活発に取引される物件は立地や管理状態の良いものに限られます。片や全国の新築マンション発売戸数は17年の7万7000戸から26年には大きく減少しますが、立地や規模・企画が限定されるため、価格は大きく下がらず、庶民にとって新築マンションは高根の花となっているでしょう。

このころ築30年以上のマンションはおよそ265万戸と、18年比1・43倍となり、およそ半分の128万戸は築40年以上となっています。32万戸ある築50年超えマンションの中から都市部に出現する「廃墟マンション」の存在は、社会を大いに不安にさせるはずです。

2027年 タワーマンションの廃墟化が露呈

タワーマンションがたくさん建つようになったのは97年の制度改正以降です。「容積率上限を600%まで」「日影規制の適用除外とする高層住居誘導地区設定」といった規制緩和がきっかけでした。この時期に建てられたタワーマンションは、築30年を超えていきます。

タワーマンションは、エレベーターや階段などの共用部分の面積比が大きく、コンシェル

図表18　超高層マンションの竣工・計画戸数（首都圏）
1976〜2022年以降

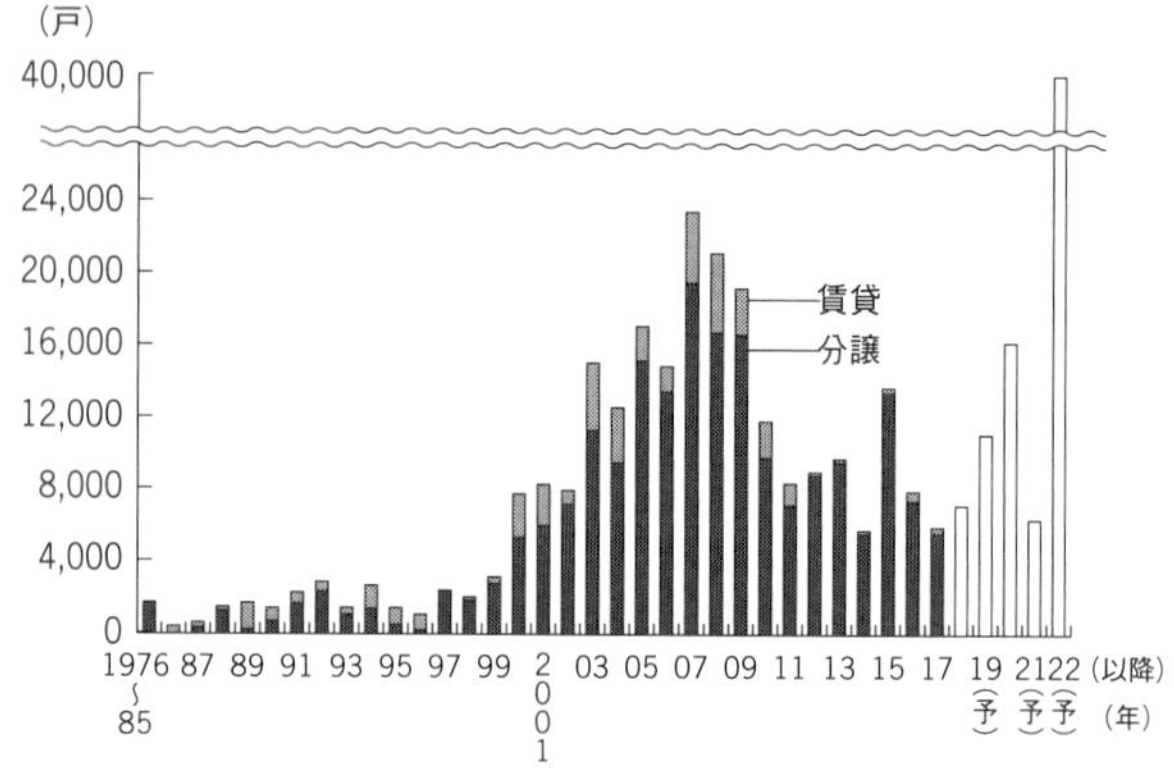

（出所）不動産経済研究所

ジュやラウンジ、スポーツジムなどのサービスを備え、管理費は高めです。加えてタワーマンションは足場を組んで外壁の修繕を行えないため、ゴンドラなどによる高所作業となります。一般的なマンションに比べて作業性が落ち、基本的に風速10メートルを超えると作業は中止、工期は長くなり非常にコスト高です。

あるタワーマンションの大規模修繕は2年10カ月を費し、総額は6億円以上になりました。また、高速エレベーターなどの設備は、世界に1つしかない特注品で極めて高額であることが多く、相見積もりがとれず、修繕や交換には莫大なコストがかかります。そもそもエレベーターや情報通信機器など技術進化の激しい分野では、30年前と同じスペックのものに交換するとは考えにくく、コストは想定より上がる可能性が高くなります。

さらに、修繕積立金は入居当初低めに設定されており、10年後に2倍、15年後に3倍となったり、１００万円単位の一時金を拠出する計画となることが大半です。

一方、建物の老朽化とともに、入居当時は30代後半～40代後半だった住民は歳を重ね、60代後半～70代後半となり、定期収入のない年金生活者が多くなります。建築費の高止まりや消費増税に加え、修繕積立金の度重なる値上げとなると、耐えられない家計も出てくるでしょう。

建物はどんどん劣化していきますが、修繕はままならず、建物が朽ちていく「タワーマンションの廃墟化」が注目されるのは、この頃でしょう。都心の湾岸地区や神奈川県川崎市の武蔵小杉に林立するタワーマンション群でも、持続可能なマンションと、そうでないマンションの2極化が始まります。

2030年

マンション「廃墟化」加速で、自治体が破綻

2030年になると、団塊世代は80歳代に突入します。総人口は1億1900万人へ減少、高齢化率は31・2%。全国の空き家数は約2000万戸で、空き家率は30%に近づき「3軒に1軒が空き家」となります（図表19）。地価公示の全国平均はもう何十年も下げ止まる気配を見せていないでしょう。金利は相当程度高止まり、消費税は一段と引き上げられるなどの影響から、不動産市場の3極化はますますはっきりしているはずです。

都市の空き家率が30%を超えると、都市環境は悪化し、居住快適性が著しく低下することが研究者の間で知られています。空き家への侵入が増え、放火などの犯罪の温床になり、街が荒れてくるとそこに暮らす人の心も荒みます。

1989年にベルリンの壁が崩壊したとき、旧東ドイツの人々が旧西ドイツに大挙して押し寄せました。東ドイツでは空き家率が30%、40%に達する都市が続出、街の荒廃が大きな社会問題となりました。

図表19 総住宅数・空き家数・空き家率の推移と予測

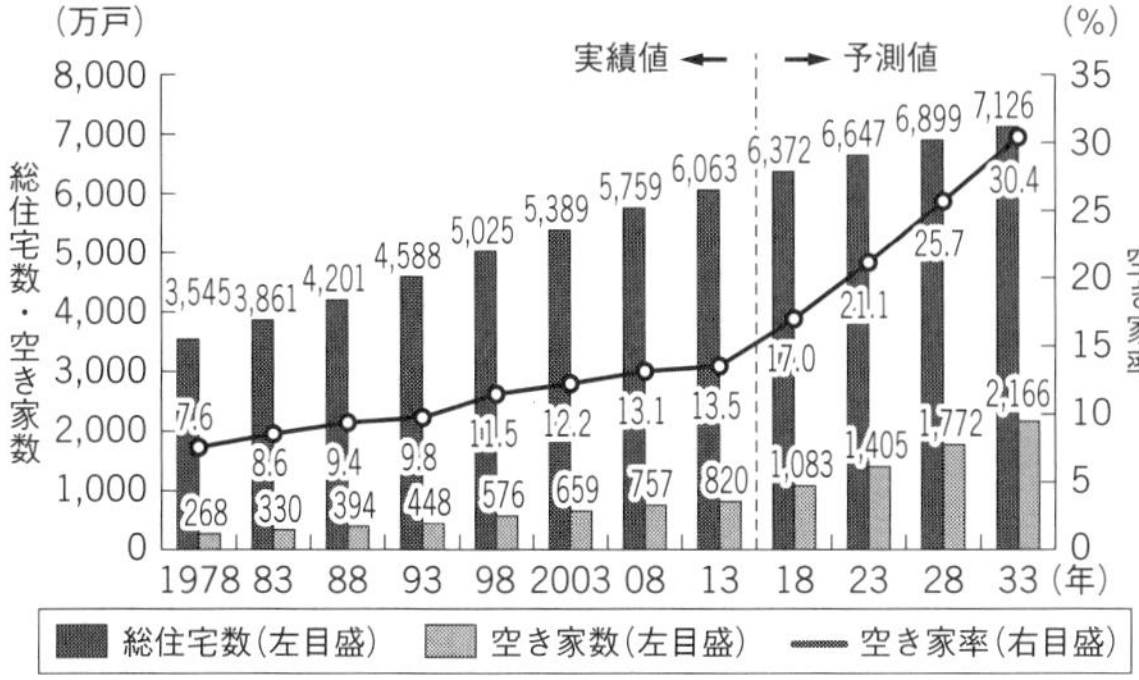

(出所) 野村総合研究所

多くの自治体はこの頃になっても、増え過ぎた一戸建ての空き家対策すらままならない状態に陥っている可能性が高いでしょう。というのも「空き家対策法」に基づき自治体権限で空き家を解体しても、所有者からの解体費用回収率が低く、結局は空き家解体に多額の税金を投入することになるからです。秋田県大仙市では、空き家対策法に先駆け、独自の条例で600万円分の建物を解体しましたが、回収できたのは3万円に過ぎませんでした。

この頃になると、人口減と少子化・高齢化によって若年層の社会保障負担が増えています。消費税率は25%程度になっていても不思議ではありません。若年層の実質所得はさらに減少し、住宅を「買う・借りる」パワーが著しく減衰します。

　自治体の主要財源である市民税の減少や、不動産価格下落に伴う固定資産税収減で自治体の経営は悪化します。上下水道や道路・橋などの社会インフラ修繕がままならないなど、行政サービスは厳しく切り詰められているはずです。

　街のあちこちには放置された一戸建て空き家が散見される一方で、マンションの空き家対策は一見、コンクリートに囲まれていて顕在化しにくいことや、単独で解体できないことなどから、後回しになります。ドア一枚で閉ざされたマンションでの「孤独死」が日常の出来事になっているかもしれません。

2031年　政府が「住宅総量目安」を設定。権限は自治体に移譲

　2031年は5年ごとの「住生活基本計画」を見直す年です。築30年以上のマンションはおよそ352万戸と5年間で87万戸も増加、うち過半の185万戸は築40年以上、築50年以上のマンションは73万戸へと大幅増加します。人口減少、少子化・高齢化はこのあと30年以

上続き、２０６５年の総人口は８８００万人で、ピーク時から３９００万人減少、高齢化率は38・４％へ上昇する見込みです。

この頃になると、さすがに政府もさらなる空き家対策とともに、野放しにされてきた新築住宅建設の管理に乗り出し、「住宅総量目安」の策定を各自治体に義務付けるとともに、建築許可権限を自治体に移譲するものと思われます。こうした政策は、欧米では当たり前のように行われていますが、これまでかたくなに権限を手放さなかった国も、住宅政策の権限を各自治体に預けるしかないと悟っているはずです。

こうなると、新築住宅建設は以前に比べてずっと抑えられるようになり、空き家の増加を抑制する効果を持ちます。しかし、それでも圧倒的な人口減少下では空き家の増加は止まりません。

都市の一部地域やマンションでは、「危ないから近づいてはいけない」といったところも出てくると思います。自治体は現実に起きる建物資材の崩落や放火などの犯罪を受け、「立ち入り禁止区域」「立ち入り禁止マンション」を指定し始めます。マンションの住民や近隣の人々に強制退去をさせる法案が成立するかもしれません。

こうした不動産の価値は、もちろんゼロどころか、解体費を勘案すれば大きなマイナスになります。廃墟マンションの存在は周辺の資産価格下落を招きます。一方で、立地が良く、管理状態が良好なマンションは、価値が落ちないどころか、立地と建物の状態によっては築年数に関係なく高値を更新し続けます。

この頃には、街のコンパクト化に失敗した自治体が破綻している可能性も高いでしょう。人口減少や少子化、高齢化に伴う税収減や、上下水道や道路、橋などの修繕、ゴミ収集や除雪などの非効率化で財政が立ちいかなくなるためです。こうした地域では行政サービスの大幅な低下や不動産・マンション価格の著しい下落がみられるはずです。

片や行政効率を維持できた自治体にあって、かつ管理状態の良いマンションについては、築年数によらず高い資産性を維持します。お荷物でしかない「廃墟マンション」と、価値や居住快適性を維持できるマンションとの大きな格差は決定的になります。

「不動産格差、ここに極まれり」

第2章

マンション、長寿命化するしかない

なぜこんなことになってしまったのか

第1章で説明したように、日本には、他国には当たり前のようにある「住宅総量目安」「住宅供給目標」などの指標がありません。住宅数の全体計画がなければ、今後団塊世代を中心とする人口ボリューム層が徐々に消えていく中で、空き家の大幅増加は必至です。現在820万戸の空き家数が19年には1000万戸超へ、30年には「空き家ついに2000万戸へ」といった文字がメディアに載るのは、時間の問題です。

しかし、そもそもなぜこのようなことになってしまったのでしょうか。簡単に経緯を振り返ります。日本は第二次世界大戦に敗れて焼け野原になった後、奇跡的ともいえる経済復興を遂げ、一気に先進国の仲間入りを果たしました。まずは鉄鋼・石炭などにヒト、モノ、カネを投入する「傾斜生産方式」の政策で産業復興の糸口を見出しつつ、朝鮮戦争による特需を経て、1954年の鳩山一郎内閣あたりから紆余曲折を経て20年ほど続く高度経済成長期に入ります。

60年には池田勇人内閣が「10年間で月給が2倍になる」と謳った「所得倍増計画」を掲げます。年率7・2%の経済成長を想定していましたが、61～70年の実質成長率は10・9%と目標を上回り、国民所得も同程度の伸びを示しました。「OH！ モーレツ！」というキャッチコピーのテレビCMが流れていた時代です。

50〜60年代には仕事を求めて、地方から継続して東京・名古屋・大阪の3大都市圏への急激な人口移動が生じました。地方から都市に出てくる労働力は「金の卵」と呼ばれ、引っ張りだこになります。やがて、もともとの都市出身者や地方から出てきた人々が住宅を購入するようになる頃に形成されたのが、「新築持ち家信仰」です。当時は都市の住宅が全く足りず、「造れば飛ぶように売れる」状態でした。

66年には深刻な住宅不足を解消するため、「住宅建設計画法」が制定されます。この法律に基づいて「住宅建設5カ年計画」が策定され、公営・公庫・公団住宅の建設戸数目標などが位置づけられ、新築住宅の建設が強力に推し進められます。

とりわけ東京など都市部の住宅難は深刻でした。国会では「5年ごとの計画では甘い！もっと住宅を増やせ！ 新築を造れ！」と野党が叫んでいました。日本の国民総生産（GNP）がアメリカに次いで世界2位に躍り出た68年には、住宅数が世帯数を上回ります。

住宅数が1・08戸、空き家数が270万戸という調査結果を受けて、「日本は住宅過剰時代に入った」「住宅問題の解決を目的とする理論も政策も、住宅過剰時代に対応できるように改める必要がある」という指摘も一部でありました。そして今度は海外から「ウサギ小屋」と揶揄されてきた住宅の「広さ」や「質」を追求する局面に入ります。そうこうしているうち、85年のプラザ合意を経て、日本経済はバブル経済に突入し、90年初頭にはバブルが崩壊します。

その後住宅政策の主な目的は「景気対策」に置き換わります。バブル崩壊以降の日本はずっと「景気を冷やしてはいけない」という一点を目的とした新築住宅の促進政策が過剰に行われてきました。前出の住宅建設計画法は役割を終えたとして2006年3月に廃止されました。その代わりに「良質な住宅ストック形成」や「良好な居住環境の形成」を目的とした「住生活基本法」が同年6月にスタートします。

この時になぜか住宅の「量的目標」がなくなってしまったのです。近年はアベノミクスの成功のため、新築住宅購入促進を目的として「住宅ローン控除」といった税金還付や「すまい給付金」といったバラマキ策、さらには時限立法にもかかわらず、40年以上続けている「固定資産税減免」といった優遇策によって、新築建設促進には拍車がかかる一方、空き家を量産しているのが実態です。

それでも国は今のところ「住宅数の管理」を行うつもりはないようです。住生活基本法に基づく「住生活基本計画」によると、中古住宅流通の市場規模について13年の４兆円から25年に８兆円とすること、リフォームの市場規模については13年の７兆円を25年に12兆円とすること、等のあいまいな目標ばかり掲げられています。新築の数や中古住宅流通の具体的な数値目標や全体のバランスは不明なままです。すなわち我が国では誰も住宅の総量を管理していない状態なのです。

総務省を中心に各省庁共同で５年ごとに作成されている産業連関表によれば、新築住宅建設には２倍以上の生産誘発効果（経済波及効果）があるとされています。３０００万円の注文住宅を１棟建てて売れれば、資材や設備等の発注、職人など関係者の給与が生じ、そしてそれらが消費に回るなどして、全体としておよそ６０００万円の経済波及効果があるというわけです。

そのため、新築住宅建設・販売促進策は常に景気浮揚策のトップに挙げられ、実行されてきました。

しかし、本当にそれほどの経済効果があるのかは大いに疑問です。人口や世帯数が減少する局面では、新築が１軒建てば、それ以上に空き家が発生します。この空き家が放置されれば、倒壊や犯罪の温床となるリスクが高まり、街の価値を毀損します。

各自治体で行う空き家対策費も膨大です。「空き家対策法」では、国から各自治体に対し、空き家対策費が計上されます。しかし、こうしたコストは産業連関表には含まれていません。人口密度が低下することで上下水道や橋・道路などの修繕やごみ収集などの行政サービスが非効率になります。さらに、地価の下落を引き起こすなどマイナス面を差し引いて考えてみると、新築住宅建設の経済波及効果は、2倍もないどころか、むしろ将来に負債を残している可能性もあります。

新築住宅建設による景気対策は、基本的に新築の建設業界にのみ資するもので、日本経済にとっては短期的な効果しかないでしょう。長期的には大きなマイナスを生んでいる可能性が高いと思います。これは公共工事でムダな道路を造るのと同じ構図です。負債が建設国債ではなく、住宅ローンの形で個別の家計に集中する分、もっとたちが悪いといえます。

一方で、中古住宅流通は個人間取引であるため、取引価格自体は国内総生産（GDP）にカウントされません。しかし、もし中古住宅が、築年数が経過してもその価値を維持することができていれば、保有資産が多いことで誘発される「資産効果」により、消費はより活発になっていたはずですし、担保価値上昇によって融資枠が広がり、投資が相当程度増大していたはずです。「個人に資産を持たせることによる資産効果（内需経済誘発効果）」が本来、中古住宅市場の活性化にはあるはずです。

米国や英国では90年代を通じ株式市場が高騰を続けましたが、２０００年には下落トレンドに転じ、03年まで調整局面にありました。にもかかわらず、中古住宅価格は一貫して上昇を続けたばかりか、上昇率はさらに高まりました。株価の調整局面の当初は、株価下落が消費にもたらす逆資産効果が懸念されていましたが、このころから住宅の資産効果が株式にとって代わり、経済の好調を助けた可能性が高いようです。

株式の保有は高所得層に偏在しているのに対し、住宅は幅広い所得層に保有されていることのメリットが働いた可能性があります。もっともこの後、資産バブルに突入し、リーマンショックへと続いていきます。

日本の新築住宅市場はもう何十年も、新築住宅建設に対する「大胆な金融政策」と「積極的な財政政策」がとられていますが、とうの昔に、政策的な意義は失われています。住宅の「量の管理」が行われなければ、あたかも砂漠に水を撒くようなもので、都心や都市部の一等立地、都市郊外や地方などのほんの一部の人口偏在地域を除いて、住宅の価値は下げていくしかありません。

マンションの始まりは1956年

日本で初めて造られた共同住宅は、東京の「同潤会アパート」（1926年）です。木造住宅が主流だった当時、関東大震災（1923年）による全壊・全焼・流失家屋は計約29万3000棟にのぼりました。多くの人々が住まいを失ったため、国は財団法人同潤会を設立し、耐震性・耐火性に優れた鉄筋コンクリート造（RC造）の集合住宅の供給を開始します。これは日本で近代的な集合住宅が普及するようになったきっかけと言われています。

民間が分譲した最初のマンションは56年竣工の、総戸数28戸の「四谷コーポラス」（東京都新宿区、売り主・日本信販）です。分譲価格は3LDKで230万円でした。当時の大卒の初任給は1万円程度でしたから、超破格の高額物件です。

当時、住宅ローンの概念はなく、現金もしくは割賦販売（分割払い）の形式でした。著名人や医師、大学教授などが多く入居していたようです。この時にはまだ「区分所有法」がなく、「管理組合」の概念もない時代でした。

56年といえば『経済白書』（旧経済企画庁）が「もはや戦後ではない」と明記し、流行語となりました。また、冷蔵庫・洗濯機・白黒テレビが「三種の神器」と呼ばれ始めた頃でしたが、庶民にとってはまだ高根の花でした。力道山を見るために、人々が街頭テレビに群がっていた時代です。

もともとマンションとは「大邸宅」を意味します。当時のデベロッパーが、高級感を打ち出すためにマンションと名づけ、一般に広まったようです。50年にはGHQ（連合軍総司令部）の勧告もあって住宅金融公庫（現住宅金融支援機構）が設立され、木造で期間15年、耐火構造で30年といった住宅ローンが生まれます。金利は当初5・5%でした。住宅ローンをマンションに使えるようになったのは70年代に入ってからのことです。

62年にはマンションの基本法である「建物の区分所有等に関する法律」（通称、区分所有法）が民法の特別法として制定されます。この時点では、建物が老朽化した際の建て替え等についての議論はなく、規定もありませんでしたので、建て替えをする場合は民法に基づいた所有者全員の合意が必要でした。

しかし、本法制定によって、マンションの法的位置付けや資産としての位置付けが明確になり、やがて住宅ローンを利用したマンション購入が可能になるエポックメイキングな出来事がありました。

60年には池田勇人首相が「所得倍増計画」を提唱、64年開催の東京オリンピックが景気を刺激しました。高速道路や幹線道路、地下鉄、新幹線やモノレールなどのインフラの整備とともにマンション開発が進みます。持ち家政策の本格化とともに、住宅・都市整備公団（現UR機構）を主な供給主体とした「団地型」のマンションが多く供給されました。

一方、民間のデベロッパーが利便性の高い東京都心部に、全く新しい住み方を提案する高級マンションを供給し始めたのもこの頃です。

この時代は「第一次マンションブーム」（63〜64年）と位置付けられています。代表的なマンションは原宿駅前（渋谷区神宮前）の「コープオリンピア」（売り主は東京コープ）です。64年に分譲され、分譲価格は3000万円から1億円で、日本の億ション第1号として知られています。日本マンション学会ではこの時期を「マンション草創期」と呼んでいます。この頃は現在のような「マンション管理」の概念は希薄で、売り主が管理を行っていました。

60年代後半になると、いざなぎ景気に乗って「第二次マンションブーム」（68〜69年）が到来。マンションの大衆化が進み、住宅ローンがあらかじめセットされたマンションが登場し始めます。このころはカラーテレビ・クーラー・自動車が「新・三種の神器」または「3C」と呼ばれ、家庭に浸透していきます。マンションの専有面積は50平米前後で、2LDKタイプの間取りが主流でした。

70年には住宅金融公庫により、マンションの長期固定金利融資制度がスタートします。金利水準は民間金融機関より低く、「第三次マンションブーム」を引き起こします。72年には日本住宅公団（現UR都市機構）などによる日本最大規模の開発分譲地、「多摩ニュータウン」の入居が始まります。

当時の公団住宅といえば階段なしの5階建て、40～60平米の2DK～3DKのタイプが主流で、今思えば陳腐に思えます。しかしダイニングキッチンや水洗トイレといった最新設備は、ちゃぶ台を出して食事をし、食後はちゃぶ台を片づけて布団を敷いて寝る、という寝食同室の生活様式から見れば、非常に先進的でした。

当時公団住宅は「白亜の殿堂」などと呼ばれ、庶民の憧れの的。その抽選倍率は数十倍、時には100倍以上の人気でした。72年には田中角栄首相の『日本列島改造論』が刊行され、日本全国で不動産ブームを生み出します。71年には、その3年前の十勝沖地震を受けて、建築基準法の耐震基準が改訂されます。これはいわゆる「旧耐震基準」です。

73年には朝日新聞が「住宅すごろく」という言葉を編み出します。「最初は小さなアパート、次に中古のマンション、そして中古一戸建てに移り、やがては郊外の新築一戸建て」といったストーリーです。このころ住宅の頂点に立っていたのは「新築一戸建て」で、マンションは一時的な住まいという位置付けでした。74年には全国のマンション分譲戸数が10万戸を突破、販売価格平均は1000万円を初めて超えます。

77年から79年は「第四次マンションブーム」です。神奈川・埼玉・千葉などの東京通勤圏でマンション分譲が盛んに行われ、オートロックが普及し始めました。民間金融機関が住宅ローンを積極的に提供するようになったのもこのあたりからです。

78年の「宮城県沖地震」を受け、81年には建築基準法の耐震基準が10年ぶりに改正となります。ここからが現在の「新耐震基準」です。

82年には建設省（現国土交通省）から「中高層共同住宅標準管理規約」が示され、現在につながる「マンション管理規約」のひな型ができます。マンションの「建て替え」といった概念も示され、翌83年には区分所有法が大改正されます。

第五次マンションブーム（86～89年）は「バブル経済」の真っただ中でした。85年9月のプラザ合意を契機に、日本は円高に苦しみながらも、積極的な金融緩和は、景気が好転し内需が急速に拡大していく中でも継続されます。その結果「地価は必ず値上がりする」と喧伝された「土地神話」などと相まって、不動産や日本株が急騰、資産バブルが生み出されることになります。

この時期の最大の特徴は、資産バブルとその余波が国民生活の細部にまで広がり、国全体が実体経済をはるかに超えた好景気に熱狂したことです。バブル経済は、社会現象となりました。

東京都港区で最高価格18億円のマンションが売り出される一方で、一次取得者向けのファミリーマンションは郊外へ、郊外へと展開していきます。さらに専有面積15〜18平米程度の投資用ワンルームが東京や札幌、名古屋・大阪・福岡などの都市圏で盛んに造られます。苗場や熱海などに温泉付きのリゾートマンションが盛んに造られたのもこの頃です。

94年から2002年あたりまでが「第六次マンションブーム」です。「バブル崩壊」に伴う資産価格の急落は日本に「失われた20年」をもたらしました。バブル崩壊後、新築マンション市場が意外と早く回復したのは、政府による極端な「金融緩和策」があったためです。

92年には住宅金融公庫が「ゆとりローン」を始めます。ゆとりローンとは、当初5〜10年の「ゆとり期間中」は返済額を抑え、その分をゆとり期間終了後に上乗せして支払う金融商品です。以下のような仕組みになっています。

1〜5年目は低金利で、かつ期間75年の借入として計算（95年から期間50年に変更）

6～10年目は低金利のまま、期間35年として計算
11年目以降は高い金利で計算

ゆとりローン開始の初年度は70万人、2年目、3年目には100万人程度がこの制度を利用しました。年金住宅融資（現在は廃止）も、同様の仕組みを持つ「ステップローン」という商品を開発していました。6年目と11年目に受託ローン返済額が一気に上がるこうした仕組みは、定期昇給や終身雇用・年功序列などの雇用制度を前提としたものです。ざっくりいうと、最初の5年間が月々8万円程度だったものが、6年目からは12万円、11年目からは17万円へと上がるイメージです。

当時は、不動産価格は再び上がる、経済もまた元に戻ると信じられていたため、幅広く利用されました。結局この後日本経済は「失われた20年」を過ごすこととなり、経済も不動産価格も長期低迷します。しかし、この制度は2000年まで続きました。98年は住宅金融公庫の貸出金利が2・55％から2・0％に下がり、借入条件は年収400万円から300万円に引き下げられる金融緩和策がとられています。

また、バブル崩壊以降は継続的に地価が下落していたため、新規に売り出されるマンショ

ンは常に割安に見えていました。製造業のリストラで工場跡地が売られ、マンションの大規模化・超高層化、そして設備などの高機能化が始まったのもこの頃です。マンション分譲は郊外から都心へ回帰していきます。

97年には「中高層共同住宅標準管理規約」が15年ぶりに改訂となります。管理組合が「大規模修繕計画」を作成し、進めていくスタイルが初めて示されます。同年には規制緩和の一環として建築基準法が改正され、「廊下や階段などの共用部分を容積率の計算から除外」「容積率600%、日影規制適用除外などの高層住居誘導地区制度」といった制度が設けられます。

この結果、超高層マンションの建設が急増します。東京都心や湾岸地域などで住居が大量供給され、現在に連なるタワーマンションが建ち並ぶきっかけとなりました。かつて倉庫や工場などがあった湾岸地区などの準工業地域の姿が一変しました。大都市近郊の鉄道沿線や地方都市などにも超高層マンションが数多く建設されるようになりました。

無知と無関心が生む、ずさんな「マンション管理」

マンション管理において、管理会社は単なる業務委託先に過ぎません。主体はあくまで所有者で構成する管理組合です。しかし、実際には「マンション管理は管理会社がやってくれるもの」と思い込んでいる方も多いようです。所有者のこのような認識のために、管理会社も困っている面があります。

建物の修繕が必要な時期に差し掛かって修繕の提案を提示しても、管理組合の合意が取れずに修繕できない、結果としてマンションの劣化が進み、建物の寿命が縮みます。管理会社は、マンションが資産性を落としていくのをただ見ているしかありません。

もっとも、多くのマンション管理会社は、親会社による説明不足のツケを回されている面があります。新築マンションを販売する際には、ユーザーの関心が高くないことも忖度《そんたく》してか、マンション管理の丁寧な説明が行われているとは言えません。

所有者の多くはマンション管理に無関心です。特定の人物が何十年も理事長を務めているマンションの場合、理事長が管理会社などと癒着し、大規模な工事が行われるたびに裏でリベートを受け取るといった事件もしばしば発覚しています。マンション管理への無関心や他人任せは、こうした犯罪の温床にもなります。

公益財団法人マンション管理センターの主席研究員であった廣田信子氏は、「第2回マンションの新たな管理ルールに関する検討会」（国土交通省）において、以下のようなことをおっしゃっています。

「当センターに相談を寄せられる約1万件の中に、内部紛争に関するものがどれだけあるかを拾い出したことがあります。単なる相談というより、内部の深刻な対立に伴うものが、7%ぐらいありました。その中には、区分所有者と理事会との対立、もっと根深いものとしては、理事長と理事の間で、理事長の解任合戦をしている事例や、同じ1つのマンションの中で、住宅と店舗が全く相入れずに、1つの理事会が成り立たない事例、理事会と修繕委員会が対立して、にっちもさっちもいかないような状況になる、そのような内部対立が原因で、管理がうまくいかないという事例がかなりあります。

人間関係の根深い対立は、すぐ訴訟にもなりますので、理事長になると裁判の被告にされてしまうとか、怪文書をまかれたり、家族まで嫌がらせをされたり、こうした深刻なトラブルの相談もあります。

建て替えにするか修繕にするか、コンサルをどこにするかで揉め、建て替え計画がつぶれた後も、その後遺症で、様々な思惑が錯綜して、業者とだれがつるんでいるとか、だれとだれがつながっているとか、中にいくつも派閥ができ、大規模修繕工事が一切できなくなってしまったマンションもありました」（要約）

筆者が会長を務めるさくら事務所がおつき合いしているマンションは、第3章で紹介する事例をはじめ、当事者意識の高い管理組合の割合が高い傾向にあります。そうした管理組合の共通点は、「核となるキーパーソンが数名いる」ということです。

管理組合にこうした方が数名いると、なんとか回っていきます。そうでない場合、マンション全体のためを思って孤軍奮闘してきた理事が、「管理会社と癒着しているのではないか」「暴走して好き勝手なことをやっているのではないか」などと変に勘ぐられ、怪文書が出回ってマンションに住みづらくなって引っ越してしまうなど、本末転倒な事態に陥ることさえあるのです。

あるマンションでは、管理組合がいくつかの派閥に分かれ、それぞれで修繕の有無や建て替え論議を行って、深刻な対立が生じてしまいました。

現実問題として、良好な管理組合運営が行われているマンションは、少数派といっていいでしょう。マンション管理の責任は、もちろん所有者で構成するマンション管理組合にあります。マンション管理組合を「社会に不可欠な機能」として捉え直すことが、課題解決の前提であることを、強調しておきたいと思います。

建物の大規模修繕について業者から見積もりを受け取ったとき、その見積もり額は妥当なのか、そもそも今やるべきなのかなどについて判断するのは、専門知識がないと難しいでしょう。また修繕積立金の滞納や、賃貸人がトラブルを起こした際の対応には、法律の知識が求められます。

ある程度大規模なマンションになると、修繕積立金は億単位の規模になります。大金の扱いや財務指標の見方、資金計画の立て方などには会計の知識が要求されます。

こうした知識、ノウハウを持つ方が管理組合の中にたまたまいらっしゃればいいのですが、現状、多くの理事会メンバーは、財務、法律、建築などの専門知識を兼ね備えているわけではありません。にもかかわらず、巨額の資金管理をはじめ、きわめて重い責任を負わなければなりません。

修繕積立金が足りなくなる「からくり」

修繕積立金は、所有者全員の積立貯金のようなものです。これを原資として将来の大規模修繕に備えるわけですが、早ければ2回目、遅くとも3回目となると多くのマンションで修繕積立金が足りない事態が生じています。

不足してしまったときに、所有者各々が数十万～百万円単位の一時金を拠出して穴埋めできればいいのですが、全員が足並みそろえて一時金を拠出できるケースはまれです。管理組合でローンを組んで大規模修繕を行い、修繕積立金を引き上げることによってローンの支払いをしていく手もありますが、これもなかなかうまくいきません。

当初は毎月5000~1万円程度だった修繕積立金が、いきなり3万円に上がるなどというのは、家計の事情によっては受け入れられません。管理組合の総会で否決されてしまうこともあります。そうなると、今ある手元資金でできる修繕だけ行うか、何もしない選択にならざるを得ません。

その結果、建物はどんどんダメになっていきます。購入・賃貸予備軍にとっても魅力的な建物とならず、資産価値が下がっていきます。適切な修繕をしておけば本来100年以上長持ちする建物でも、寿命は一気に短くなってしまいます。

どうして、こうした負のスパイラルに陥るのかといえば、原因は「新築マンション販売時の修繕積立金設定」にあります。新築マンション購入時には「売買価格や諸費用」のほか「住宅ローン利用の場合の毎月返済額」「管理費」「修繕積立金」などが提示されます。購入者からすると、毎月家計から出ていくこれらの金額は少ないに越したことはありません。

そこで住宅ローンについては極力低金利の金融機関やローン商品を探します。一方で管理費や修繕積立金については購入者に選択の余地はありません。あらかじめ売り主に提示された額を容認するかどうかとなります。

売り主の立場からみれば、管理費を極力高めに設定しておきたいと考えます。というのも、ほとんどの新築マンション販売のケースであらかじめ設定されているのは、売り主系列の管理会社です。管理費のうち「管理委託費」は、引き渡し後もグループ会社に毎月流れてくる売上であり、利益となります。

一方で修繕積立金は、所有者で構成する管理組合がプールする貯金です。売り主とは直接関係のないお金ですから、積立金を極力低額にして、ローン・管理費・修繕積立金の合計額を下げることによって、購入のハードルを下げる、つまり売りやすくするという意図が働きます。

大半の購入者は、契約前に提示される「長期修繕計画」をしっかり読んでいません。ちゃんと読んでいても、5年後、10年後には忘れてしまっていることが多いでしょう。あるいは、その後家計の事情に変化があり、修繕金が不足するのはわかってはいたけれども支払えないといったケースもあります。

また、そもそも分譲時の長期修繕計画は、それぞれのマンション用に作られたものではありません。一般に、マンションの用地取得から販売までの期間は4カ月程度です。精度の高い長期修繕計画を立案するためには、現場の建設職人が作成した、工事の具体的なやり方を示す「施工図」が必要です。しかし、販売時には施工図は作成されていません。

したがって、当初の長期修繕計画は、どのマンションでも使用するひな型をアレンジして使用します。その結果、必要な項目が抜け落ちていたり、負担する必要のない費用が計上されていたりするなど、「現実離れ」の長期修繕計画となっている例が目立ちます。

さくら事務所が見てきた事例では、「機械式駐車場が存在しないのに、修繕費用を計上」「機械式駐車場の設置台数（パレット数）が実際と異なる」「機械式駐車場は塗装不要の溶融亜鉛メッキ仕様だが、6年ごとに塗装工事を計上」「負担する必要のない水道計の交換費用を計上」「消防設備や給排水設備・自家発電設備交換の全部または一部が設定なし」「実際より少ないエレベーター設置台数で工事費用を計上」「実際より少ない照明器具台数で工事費用を計上」など、枚挙にいとまがありません。とりわけ複雑な形状のマンションでは、タイルや吹付部分の面積、鉄部の数量などが異なることが多々あります。

国土交通省は「新築マンションの購入予定者に対し、修繕積立金に関する基本的な知識や修繕積立金の額の目安を示し、分譲事業者から提示された修繕積立金の額の水準等についての判断材料を提供する」として、「マンションの修繕積立金に関するガイドライン」を公表しています。

それによると、建物の階数や規模などによってばらつきがあるものの、15階、５０００平米未満のマンションで専有面積平米あたり２１８円、５０００〜１万平米で２０２円、１万平米以上なら１７８円程度を平均的な目安としています（図表20）。

平米あたり２００円目安なら、例えば70平米のマンションであれば、適正な毎月修繕積立金額は１万４０００円。この水準の積立金を入居直後から支払っていれば、おおむね問題ないでしょうというわけです。

しかし、ガイドラインはあくまで指針に過ぎず、強制力もありません。現在でも多くの新築マンション販売現場では、積立金方式は「段階増額積立方式」または「一時金徴収方式」であり、「毎月均等」にしているところがほとんどないのは、前述の通りです。

また、そもそもこのガイドラインは、11年に出された指針です。

13年の夏以降、消費増税前の駆け込み受注やオリンピック東京大会の決定、アベノミクス、東北の震災復興特需などと併せ、建設業界の人材不足が生じています。18年夏時点における分譲マンションの大規模修繕工事の相場は、マンションの規模や形状・構造などによっ

図表20　専有床面積あたりの修繕積立金の額

建物の階数／建築延床面積		平均値	事例の3分の2が包含される幅
15階未満	5,000㎡未満	218円／㎡・月	165円～250円／㎡・月
	5,000～10,000㎡	202円／㎡・月	140円～265円／㎡・月
	10,000㎡以上	178円／㎡・月	135円～220円／㎡・月
20階以上		206円／㎡・月	170円～245円／㎡・月

（出所）国土交通省

ても異なりますが、概ね20～30％程度上昇していると思われます。

13年春ごろまでは、外壁が総タイル張りで50～100戸程度の規模の場合、大規模修繕で建物に関わる一般的な工事をすべて行っても、戸あたり100万円程度を見込めば、まず大きく不足することはありませんでした。しかし、今現在同規模のマンションにおける見積価格では、戸あたり120万～140万円程度の金額が提示されることが多くなっています。30戸程度の小規模なマンションでは、戸あたり200万円を超える見積もりが提示されることも少なくありません。

わずか数年の間にこれほどまで価格が高騰するとは、誰にも予測できませんでした。であれば現状、ほとんどのマンションで修繕積立金が不足していると言っても過言ではありません。

積立金不足対策は、基本的に積立金の増額しかありません。14年には消費税率が5%から8%に上がり、修繕費のほとんどに消費税がかかっています。工事費用がかつてより大きく膨らんでいることを長期修繕計画に織り込む必要があるはずですが、多くの管理組合では見直しに着手していないと思います。

昨今、こうした問題点に気づいて、修繕積立金方式を変更するなどし、マンションの持続可能性を担保しようとしている管理組合も現れています（第3章で詳説）。一方で、このような取り組みをしているマンションと、そうでないマンションが、中古住宅市場においては、同じ価格水準で売買されています。

これは極めておかしなことで、先進国の中で日本だけが異質の世界です。修繕積立金が潤沢で値上げや借金をする必要がなく、したがって建物の寿命が物理的にも経済的にも長いであろうマンションと、修繕積立金が枯渇し、今後値上げをするか借金をするか、あるいは何もできずに陳腐化し、寿命も短くなるであろうマンションが、同等の資産価値を持つはずはありません。しかし、我が国ではこれらが同列に扱われているのです。

その理由は簡単で、大きく2つあります。第1に「多くの購入者がマンション管理組合の運営状態に無関心だから」です。マンション管理とは本来、「所有者で構成する管理組合の運営状態」を指しますが、中には「管理会社の活動」だと思っている向きも多く、その定義があいまいです。

第2に「管理組合の活動情報の閉鎖性」です。中古マンションの購入希望者が管理組合の活動状況に関心を持っても、「理事会や総会の議事録」「長期修繕計画」などの内部情報を開示してくれるマンションは限られています。

これは経済学でいう典型的な「レモン市場」(レモンとは英語のスラングで「粗悪品」のこと)です。しばしば中古車市場を例に説明される、ゲーム理論の典型的な状況です。01年ノーベル経済学賞の受賞者アカーロフの論文を起源とする経済学の原理として議論されています。

レモン市場を中古マンションに当てはめると、適切な情報が開示されなければ、購入者は、良いマンションと良くないマンションとの区別がつきにくくなります。良いマンションを買う可能性も、良くないマンションを買う可能性も出てきます。

すると、購入者にとっての中古マンションの期待価値は、良いマンションと良くないマンションとの間の価格となります。良いマンションの価値に見合う高い価格で買う購入者はいなくなり、結果として、管理状態を良好に保つ意味・意義が薄れ、最終的に粗悪なマンションばかりになってしまいます。

「大規模修繕」を食い物にする業界構造

マンションの大規模修繕の前には、建物の劣化状況を把握し、過不足のない適切な修繕を行うために「インスペクション（建物調査）」が行われます。インスペクションには建物に関する専門的な知識や経験が必要です。理事会や修繕委員会のメンバーが建物を見て判断できるものではありません。

これまで多くのマンションでは、管理会社、あるいは管理会社経由で関連の工事会社が提出した大規模修繕工事の見積もりを、そのまま受け入れて進めてきました。

しかし、この工事費は高すぎることを、多くの管理組合が気づき始めています。なぜ、関連工事会社の工事費は高いのでしょうか。理由は簡単です。管理会社が直接工事を受注すれば、そのまま管理会社の売上・利益となり、関連会社が受注すればその一部は管理会社に還元され、やはり管理会社の売上・利益となるためです。そもそも相見積もりをとらなければ競争原理が働かず、割高になるのは当たり前です。

管理組合は、管理会社や設計事務所、コンサル会社に対し、組合の利益最大化を図るべく、大規模修繕見積もりの妥当性や工事の必要性をアドバイスしてもらうことを当然期待しています。しかし、実際にはそうなっていないどころか、むしろ管理組合側に不要な工事を負担させ、損失を被らせているケースが散見されます。

管理会社による建物診断は、外壁塗装や屋上防水、鉄部塗装など、長期修繕計画で予定されていた工事ありきで行われます。その中には不要不急の工事がいくつも含まれていることがよくあります。つまりは「工事のやり過ぎ」です。

所有者の共同貯金である大事な修繕積立金を、不必要な工事によって無駄遣いすることは当然避けたいところです。しかし、理事会が「先延ばしできる工事はないか」と尋ねると、「それで万が一でも雨漏りしたらどうするのですか？　資産価値は落ちますし、理事会の責任を問われる可能性がありますよ」と言われてしまえば、たいていの理事会は不安に駆られ、自己保身から提案通りの工事をしてしまうというのがお決まりのパターンです。

後述するように、大規模修繕は本来、長期修繕計画通りに、12年目、24年目などに進めていく必要はありません。計画は机上の計画に過ぎません。部位によってまだ劣化が進行していなければ、15年目、18年目などに行ってもよい場合もよくあります。

残念ながら管理組合と管理会社の利害は一致していません。わざわざ管理会社の売上が低下する提案を、管理会社自身が申し出ることは構造的に難しいのです。管理会社は、組合が積立金をいくら貯めているかも知っており、財布を覗かれている状態です。

また施工会社によるインスペクションは、一般に無料で行われています。本来、コストがかかる建物調査が無料なのかといえば、その後の工事受注を期待しているからにほかなりません。したがって見積もりの中身について、その修繕部位やコストが妥当かどうかを、組合が別途検討する必要があります。

こうした問題点を把握して、複数社に見積もりを依頼する管理組合も増えてきました。しかし、管理会社を通して相見積もりをとるならば、意味はありません。多くの場合は出来レースとなります。形だけの相見積もりを行うものの、結局は関連会社が受注できるよう、事前に他社の見積額を知らせたりする便宜を、関連会社に対して図ったりします。

そこで出てきたのが、管理会社に工事見積もりを仕切らせるのではなく、設計事務所やコンサルティング会社といった第三者に間に入ってもらい、見積もりから比較・アドバイス、工事監理（チェック）まで行ってもらう方式です。フィーは総工事費の７％から10％程度が相場です。この方式の問題点は『不動産格差』でも触れましたが、詳しくみてみます。

この方式は管理会社と工事会社が分断されるので、一見公平な仕組みのように見えるのですが、残念ながら、実はここにも落とし穴があります。間に入る設計事務所やコンサルティング会社、工事会社が裏でつながっていて、結局は出来レースの見積もりが行われている場合があります。

「設計事務所やコンサルティング会社が、自社にバックマージンを支払う工事会社が受注できるように不適切な工作を行い、割高な工事費や、過剰な工事項目・仕様の設定等に基づく発注等を誘導するため、格安のコンサルタント料金で受託し、結果として、管理組合に経済的な損失を及ぼす事態」（国土交通省）です。ここは非常に重要なポイントですので、よくご理解ください。

設計会社やコンサルティング会社が裏で工事会社とつながっているかどうかは、コンサルタントの相見積もりをとった時にわかります。「そんな低価格でコンサルティングを引き受けられるわけがないだろう」といった水準の見積もりであれば、まず工事会社からバックマージンがあると思われます。

例えば、50〜100戸規模のマンションならコンサルタント料が450万〜500万円かかるところ、150万〜200万円といった非常に安価な設定で気を引きます。コンサルタント料を割安に見せて管理組合との取引をスタートさせ、自らが取引の主導権を握ったとこ

図表21 出来レースの構図

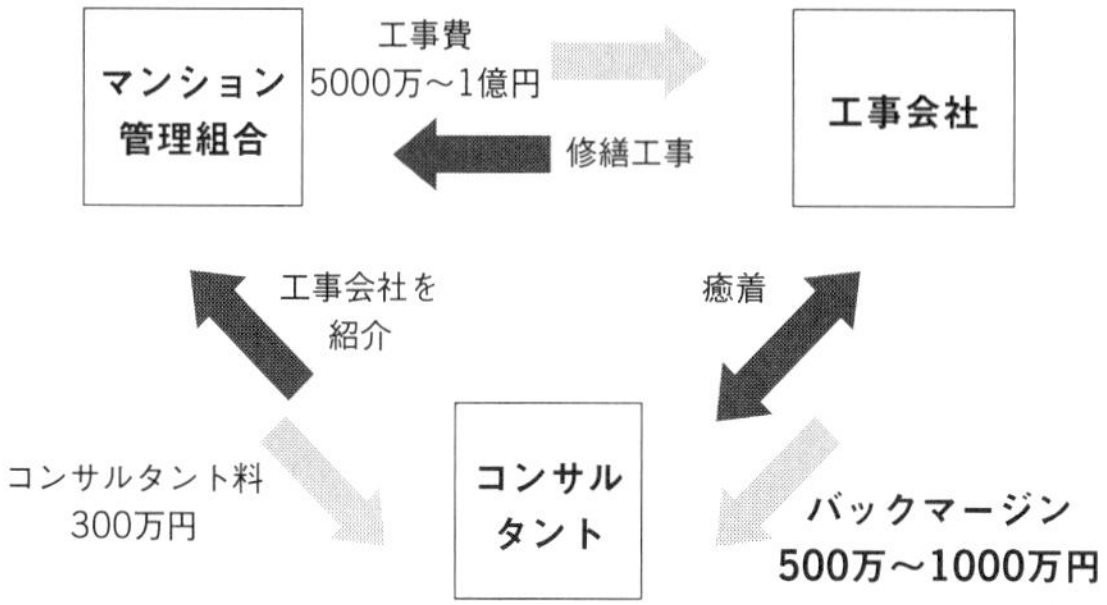

（出所）筆者作成

ろで、割安分をはるかに超えたバックマージンを上乗せした工事見積もりを、工事会社に出させ、工事会社から裏金をもらいます。

こうした管理会社や設計コンサルタントは落札業者を持ち回りで指名し、工事費の10％から20％をバックマージンとして受け取っていると言われています。

先ほどの規模のマンションで大規模修繕に5000万～1億円程度かかるとすると、500万～1000万円が裏金として設計会社やコンサルティング会社に渡されているわけです。また工事費をかさ上げするため、割高だったり、必要のない工事が多数含まれていることもあります（図表21）。

このバックマージンは結局、管理組合が支払う工事費から出ているわけで、本来の工事費はもっと安いはずです。こうしたケースでは、バックマージンを渡そうとしない工事会社は、管理組合に紹介されることはありません。見積もりに参加している工事会社が談合しており、今回はどこが仕事を引き受けるかあらかじめ決めていることも多いようです。

住民の味方のはずの、管理会社や設計コンサルタントが談合を主導しているため、その中身が見えにくいという特徴があります。

17年1月、国土交通省が「設計コンサルタントを活用したマンション大規模修繕工事の発注等の相談窓口の周知について」という異例の通知を出しました。

この通知は端的に言うと、大規模修繕工事の設計・監理方式における「設計コンサルタントと施工会社の癒着やバックマージンに対する警鐘」です。「不適切コンサルタント問題」などとも言われており、本通知では以下の3つの事例が紹介されています。

1　コンサルタントに業務を依頼したが、実際に調査診断・設計等を行っていたのは同コンサルタントではなく、施工会社の社員であった。コンサルタント（実際には施工会社の社員）の施工会社選定支援により同施工会社が内定していたが、発覚が契約前だったため、契約は見送り。

2 設計会社が、施工会社の候補5社のうち特定の1社の見積金額が低くなるよう操作し、当該1社が施工会社として内定したが、契約前に当該事実が発覚。管理組合が同設計会社に説明を求めると、当該設計会社は業務を辞退。

3 コンサルタントが、自社にバックマージンを支払う施工会社が受注できるように不適切な工作を行い、割高な工事費や、過剰な工事項目・仕様の設定等に基づく発注等を誘導。

大規模修繕を仕切る設計会社・コンサルティング会社が、建設会社と談合してリベートをもらっているケースでは、工事を受注する会社があらかじめ決まっています。では、どうやって狙い通りの工事会社Aに受注させるのかといえば、例えば他の工事会社の見積もり額をA社にあらかじめ伝えておくことで、A社は必ず最安値の見積もりを提示することが可能になります。

またA社以外には、過大な数量を前提として見積もりを出させることもあります。こうすれば、他社より少ない数量で見積もりを出すA社が勝つのは当然です。例えばA社以外には20％多い工事数量を提示しておけば、A社より20％高い見積もりが出てくるわけです。

もちろんこうした工作は、管理組合に知られないよう、極秘裏に行います。マンションに工事積算の専門家がいるか、別途で専門的なチェックでも入れない限り、管理組合には全くわかりません。

事前に落札する工事会社が決まっている場合には、その会社にインスペクションから仕様書、図面の作成、数量計算や見積もり作成まで、本来コンサルティングを請け負った設計会社やコンサルティング会社が行うべき作業を、工事会社にやらせていることもあります。この場合は怪しまれないよう、設計会社の名刺を持たせ、ジャンパーや腕章をつけさせます。こうなると外目には全く見抜けません。

こうした事例は、残念ながらマンション改修業界の人間であればよく耳にする話ですが、大規模修繕工事を舞台とした不正としては、まだまだ氷山の一角と言わざるを得ません。

従来、設計事務所やコンサルティング会社による「設計監理方式」は、高額で不透明なマンション管理会社元請方式の大規模修繕工事に対抗することを目的の一つとして発展してきたものです。しかし、いつのまにか裏で悪事に手を染める風潮・慣行が蔓延してしまい、マンションの大規模修繕を取り巻く業界は混乱状態にあります。

この「不適切コンサルタント」の定義には、設計事務所だけでなく、一部のマンション管理士事務所も含まれていると言われており、「適切コンサルタント」を探すほうが大変な状況です。それほど、昨今の大規模修繕工事には大きなリスクが潜んでいます。

神奈川県のあるマンションでは、築30年が経過したため、２度目の大規模修繕を行うことになり、某設計事務所にコンサルティングを依頼しました。すると４社が、組合が管理している修繕積立金額とほぼ同額である、２億３０００万円の工事代金を提示しました。

ところが、「積立金を、今回の工事で使い切らせようと画策しているのではないか」と複数の理事が不信感を持ち、別ルートで管理組合独自の見積もりを取ったところ、56％程度の１億３０００万円で収まることがわかりました。

都内のあるマンションでは、コンサルタント料の安かった設計事務所経由で３社に大規模修繕の見積もりを取らせたところ、工事会社Ａ・Ｂは約４・５億円、Ｃは４・２億円でした。しかし、見積もり額のそろい方や、設計会社の不透明でやや不自然に感じられる進め方に疑問を持った修繕委員会や理事たちが、さくら事務所に依頼して見積もりのコンペを行ったところ、３・６億円で済みました。そのまま従前の設計事務所経由で工事を依頼していたら、虎の子の６０００万円を失うところでした。

もちろんこうしたことは違法ではありませんが、「第三者性」をうたっておきながら、結局は裏取引で管理組合に高額な工事費を負担させています。そもそも見積もりや工事内容をチェックする対象である工事会社からバックマージンを受け取っている癒着構造の中で、果たしてコンサルとして言いたいことを言えるのかという疑問が残ります。バックマージンをもらっている工事監理者には厳しいチェックなど望むべくもないでしょう。

マンションを取り巻く業界の構造、仕組みがどのようになっているのかを知ることは、修繕積立金の無駄な支出を減らし、必要なところに適切にコストをかけることにつながります。大規模修繕の見積もりを出す際には、バックマージンなどの癒着構造がない、100%管理組合の利益を追求してくれる第三者を立てることが重要です。特に不自然なほどの低価格でコンサルティングを申し出てくるようなところがあれば、要注意です。

管理会社を交替して失敗

3月から5月は、マンション管理組合の総会が1年で最も多く開かれる時期です。年に1度入居者が集まり、マンション管理の大事な方針を決める総会では、同時に管理会社への日頃の疑問や不満の声が噴出することがあります。

「共用部の清掃がきちんとされていない」「騒音やペットなどのトラブルの際、頼りになららなかった」「積立金の大口滞納があるのに催促せずにほったらかし」「管理費の内訳が不透明」「修繕の見積もりが1社しか提出されない」など、日常の管理会社に対する不満から、管理会社の交替を検討するマンションがしばしばあります。「平成25（2013）年マンション総合調査」によれば、管理会社を変更した管理組合の比率は18・3％でした。

管理組合が管理会社を変更する理由は、主に様々な課題に対応する管理会社の担当者（フロントマン）への不満です。フロントマンは理事会との窓口となるサポートの中核で、フロントマンの力量によって、管理組合が受けられるサービスに大きな差が出ます。

管理組合に管理会社の交替を勧めるのは、たいていの場合、成功報酬型のコンサルティング会社で、「年間削減管理費の50％」などを成功報酬としています。このコンサルティング会社は、管理費を削減すればするほど儲かるので、とことん削減に走ります。

ありがちなのは、売り主系列の管理会社から、ローコストが売りの独立系管理会社に変更するパターンです。さらに、清掃業務の時間などを細かく見直し、どんどん削減していきます。これで年間数千万円の管理費削減を実現し、コンサルティング会社は千万単位の報酬を受け取ります。

ところが、管理費が下がって万々歳のように思えたものが、後になって様々な問題が浮かび上がります。それは、管理のレベルが著しく下がることによる機能不全から来る「住民の不満」です。

例えば、清掃時間を削減しすぎた結果、かつてのようには清掃が行き届かず、マンション内が荒廃することがあります。他にも「以前は共用部の電気交換は管理会社がやってくれていたのに、やってくれなくなった」「ゴミの整理が以前より雑になった」「管理組合広報などの投函をしてくれなくなった」といったサービスの質の低下に住民が不満を爆発させます。

さらには「部屋の蛍光灯の交換作業」「自治会の寄付受付」「マンション前の道路清掃」「残業」「雪かき」「世間話の相手」「備品購入」など、契約内容には含まれないものの、以前の管理人が好意でしてくれていたことについて、サービス提供がなく、不親切だと不満を漏らす住民も出てきます。

また中には「ウチは○○ブランドのマンションだから買ったのだ！」と、管理会社が大手系列でなくなることに不満を持つ方もいます。管理委託先が大手系列でなくなってもマンションのブランドには変わりはありませんが、売り主と管理会社の役割を混同しているようです。

図表22は「大手とそれ以外の中古マンションの成約単価」を示しています。東日本不動産流通機構（東京都千代田区）に登録され、東京23区内で13年1月から18年3月までに取引さ

図表22　大手とそれ以外の中古マンション成約単価の推移
(築1年経過あたり平均下落率)

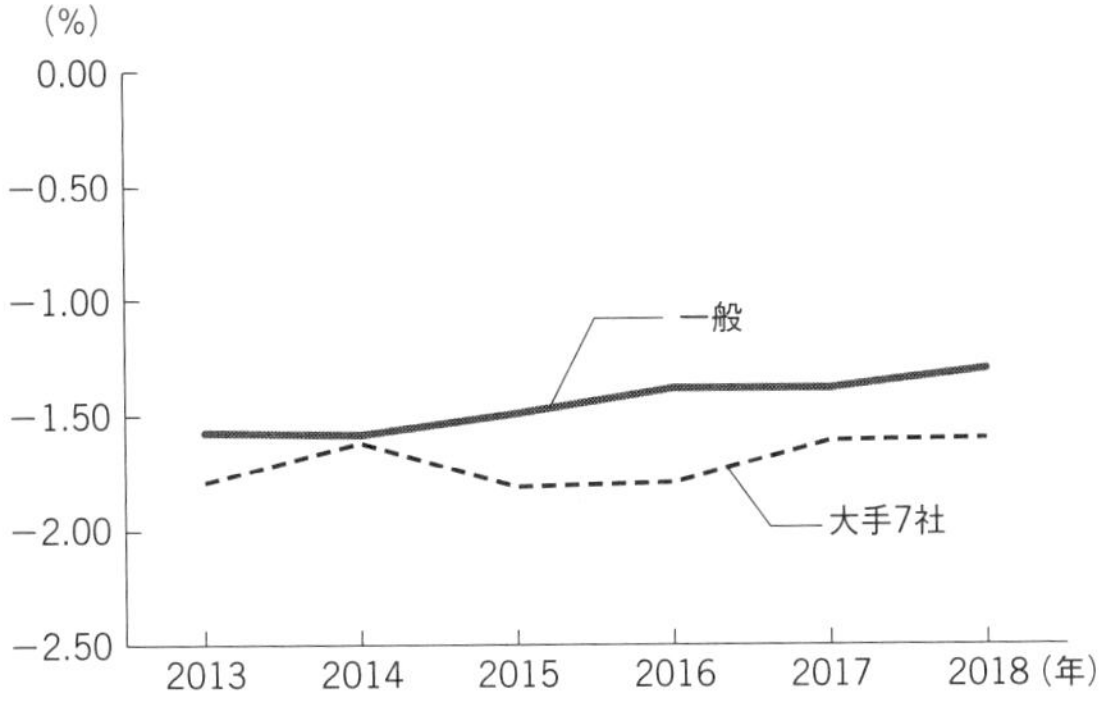

(出所) 東日本不動産流通機構のデータよりさくら事務所作成

れた中古マンションの取引事例5万7642件のうち、住友不動産、大京、東急不動産、東京建物、野村不動産、三井不動産レジデンシャル、三菱地所レジデンスの7社が分譲したマンションか、これら7社のいずれかが共同企業体（ＪＶ）で分譲に参画したマンションを「大手ブランドの中古マンション」と分類。それ以外は旭化成不動産レジデンス、コスモスイニシア、新日本建設、積水ハウス、タカラレーベン、モリモトなど私たちがよく目にする不動産会社やその他の中堅中小のデベロッパーが分譲した物件を「一般の中古マンション」としました。

公平に比較するため、平均成約単価と同様に大手ブランドの成約データの平均築年数を

18・6年としました。

調査結果は「大手のほうがやや値下がりしやすい」となりました。その理由の分析は本書の筋から離れるので割愛しますが、そもそもマンションの資産価値を決める要素は、まず立地です。大手ブランドだからといって資産性が高いとか、他のマンションに比べ値下がりしにくいということではありません。管理会社の交替に失敗すると、誤解に基づくこのような件でも不満の種になり得ます。

「理事会の司会進行や議事録の作成をしてくれなくなった」と管理会社の交替を主導していた理事が不満を漏らすケースもあります。これは、契約の中身をよく読めば分かったはずです。

さらにまずいのは、こうした不満を管理会社に伝えると、1年更新の管理契約を、管理会社の側から更新拒絶されるケースです。ただでさえぎりぎりの利益で仕事を請け負っていたところに、過剰なサービスを求められても困るというわけです。こうなると、また一から管理会社を探さなければなりませんし、一度下げた管理費を再度引き上げる手間も発生する場合は非常に面倒です。

結果として管理組合は数千万のコストを支払って、かえって住民の不満が爆発することになります。このような状況で、いたたまれなくなった理事長や管理会社の交替を推奨してきた理事が退任、住民との関係が悪くなったり、引っ越してしまったケースもよく目にしてきました。

「タイル張りマンション」が脅かす人命と管理組合のお金

街を歩いていると、マンションの外壁の多くがタイル張りになっていることに気づきます。タイル張りのマンションが多いのは、コンクリートを風雨に直接さらさない耐久性の観点と、美観面の理由からです。しかし、「張った」タイルは時間の経過により、いつかは剝がれ落ちる運命にあります。

高所から落下してきたタイルに当たったら……。マンションやビルのタイルが道路に落下すれば、もはやタイルは「凶器」になります。現実に、今、日本のあちこちで、マンションのタイルが落ち始めています。事例は枚挙にいとまがありません。

16年8月、台風の強風によって東京都三鷹市にあるビルの外壁からタイルが剝がれ落ち、ビル付近を歩いていた男性を直撃、男性はケガをしました。このマンションでは、事故の約4時間前に、縦2メートル、横3メートルの外壁が剝がれ落ち、撤去作業を行ったばかりで

写真1　タイル剝落は凶器となり得る。原因は施工不良だった

した。

16年7月には、大阪市の9階建てビルで、6階付近の外壁からタイルが縦1メートル、横2メートルにわたって落下し、信号待ちをしていた女性の頭に当たりました。女性は病院に運ばれましたが、幸い軽傷でした。

さくら事務所には、連日、マンションの管理組合からタイル剝落に関する相談が舞い込んできます。

都内の築2年のマンションでは、6階付近からタイルが落下しました。幸いケガ人はいませんでした。しかし、ほかにも明らかにタイルが浮いている場所があるということで、急きょ足場を組んでタイルの打診調査を行ったところ、全タイルのなんと20％以上が、いつ剝がれてもおかしくない状態でした。この状況は即座に売り主業者に報告され、業者の負担で修復されました。

　横浜市のマンションでは、11年目になって一部のタイルが剥落。こちらも幸いケガ人はありませんでしたが、5階付近から落ちたタイルが人に当たれば負傷は免れません。すぐさま外壁全体の打診調査を行ったところ、全体の15％程度のタイルに浮きが見られました。管理組合は施工不良だとして売り主業者に補修を要請しましたが、業者は「施工不良ではなく経年によるもの」として応じず、いまだ協議中です。いずれにしてもそのままでは危険なため、管理組合の負担で浮いたタイルを剥がし、新しいタイルに張り直しました。

　千葉県柏市の築15年のあるマンションでは、第1回目の大規模修繕工事で、外壁タイル補修の2～3％程度を補修する予定でした。ところが、いざ工事を始めてみると、20％を超えるタイルに補修が必要なことが発覚。不具合部分をすべて張り替えると、6000万円以上のコストがかかることが判明しました。アフターサービスや保証期間を過ぎていたこともあり、すべて管理組合の負担で補修せざるを得ませんでした。

　タイルの剥落事故が起きたり、異常な浮きが発生している場合、施工方法が「コンクリート直張り工法」であることが多いようです。現在では浮きや剥離が生じにくい、「弾性接着剤張り工法」が徐々に普及してきています。しかし、施工時に不具合が起こりやすいというデメリットもあり、痛しかゆしといったところです。

タイルが浮く原因はいくつかあります。第1に、建物本体のコンクリートとタイルの間に塗る下地モルタルの不足や施工不良。第2にタイルのひび割れです。マンションなど鉄筋コンクリートの建物には、コンクリートにあえて弱い部分を作って、ひび割れを目地の中に起こすための「ひび割れ誘発目地」があります。タイルがこの目地をまたいで張ってあると、コンクリートに引っ張られて割れ、雨水などが浸入して剝落の原因となります。

多くの場合、大規模修繕時にタイルの浮きが発覚します。大規模修繕においては全タイルの3～5％の浮きが見積もられているケースが多いのですが、それを大きく超える場合も少なくありません。その場合はもちろん、予定していた修繕費より多額のお金が必要になります。原因の追及と責任の所在を明確にするために、大規模修繕工事が長期間にわたって中断する場合もあります。

タイルの浮きが発覚した場合、一般には管理会社を通じて売り主や施工会社の責任を追及します。しかし、多くの場合は前述の事例のように「経年劣化が原因」あるいは「地震の影響」などと結論づけられ、住民の費用負担で改修するケースが多いようです。実は外壁タイルの施工不良は、品確法（住宅の品質確保の促進等に関する法律）の対象外で、売り主の瑕《か》疵《し》担保責任を問えないからです。同法で責任を問えるのはあくまで「構造耐力上主要な部分」「雨水の浸入を防止する部分」のみです。

売り主の責任を追及するのは、骨が折れます。調査に費用がかかるため、誰が費用負担をするのか決まらずに、調査を始められないことも多くなります。売り主が責任を認めないため、裁判に発展するケースもあります。住民側が裁判に勝訴しても、浮いたタイルすべての部分の改修費用を、売り主からもらえることはありません。経年劣化によって一定の浮きが発生することは事実であるため、裁判所は浮いたタイルの部分から経年劣化と思われるタイルの割合を差し引いて、金額を決定します。

万が一、タイルが剝落したら、すぐに売り主に連絡し、調査や補修の依頼をしたいところです。原因究明の証拠にするため、剝落したタイルは、そのまま管理事務室などで保管しておきます。売り主は瑕疵を認めない場合が多いので、第三者機関などを必要に応じて活用するのがよいでしょう。

売り主は調査と補修を同時に提案することがあり、原因が不明瞭なまま工事が終わってしまうこともあります。その場合は十分な改善が行われたかどうか確認できません。まずはいったん調査を行い、そのうえで納得のいく補修ができるのかを吟味すべきです。

また、こうした対応が施工会社任せになるケースもあります。その対応はあくまで契約の当事者である売り主に説明を求めたいところです。

国土交通省は08年、外壁タイル剝落事故の多発を受け、「定期報告制度」を改定し、外壁タイルの打診検査を義務化しました。定期的な調査と報告を怠ると、マンション管理組合は罰則（100万円以下の罰金）の対象となりますが、実態としてすべてのマンションで調査・報告が行われているわけではありません。仮に調査や報告を怠っているマンションでタイルが剝落し、人身事故が起きたら、管理組合は重大な責任を免れないでしょう。

第3章

100年マンション先進事例に学ぶ

前章で説明したように、マンションの管理状態は、売買価格に反映されていません。

東京都内のある場所に築40年、総戸数約200戸で同グレードのマンションAとBが2棟並んで建っています。西側のマンションAはしっかり管理され、修繕積立金も潤沢、経年による陳腐化はみられるものの、建物のコンディションは良好、まだいくらでも長持ちしそうです。

一方で東側のマンションBは非常にまずい状況です。修繕積立金は全く足りず、必要な大規模修繕が長らくできていません。ぱっと見はよくわかりませんが、よく建物を見ると、あちこちが老朽化し、それほど長持ちしそうにありません。住民の高齢化や賃貸化が進み、修繕積立金の値上げは難しく、専門家の私から見れば、やがて廃墟化する未来が透けて見えるようです。

この両者は現在、同じ価格水準で売買されています。しかし、こうした状況は、一変します。マンションの資産価値や建物の寿命、そして居住快適性にも、雲泥の差がつく未来がやってくることは確実です。

本章では、これまで、さくら事務所がお手伝いをしてきたマンションの中から、素晴らしい成果をあげている管理組合の事例を紹介します。こうしたマンションは、今後も長きにわたって資産価値を維持し続け、建物は長持ちし、安心して暮らせるマンションとなることでしょう。

イニシア千住曙町

5年がかりで各種契約を見直し

東京都足立区の「イニシア千住曙町」は09年に竣工、総戸数515戸の24階建て、住民約1500名の大規模マンションです（写真2）。

管理組合法人はこれまで「臨時駐車場の有償化で収入増」「火災保険を長期契約・積立式に切り替えて支出減」「電気契約方式の変更で支出減」「管理業務委託費見直しで支出減」「ゲストルームの収益増」「共用部の照明をLED化で支出減」「エレベーター保守点検会社の変更による経費削減」などの施策により、約3700万円の収支改善を実現しました。資産価値維持に向けた先進的な取り組みが注目を集めています。

入居直後の管理組合設立総会に向け、理事の立候補者が募られました。そして設立総会の議長となったのは、應田《おうた》治彦さんでした。應田さんは2期目まで理事長、その後は主に副理

写真2　イニシア千住曙町

事長を務めることになります。

設立総会に上程された予算案を見た應田さんは、目を疑いました。というのも、日々のマンション管理に充てる一般会計の管理費と駐車場などからの全収入の99・8%が、管理会社との委託契約費用や電気代などの確定的な支出のみで費消されてしまう予算だったからです。月極駐車場が2台解約されただけで、組合の会計は単年度赤字になってしまう状況でした。

さらには、エントランスにあるマットのレンタル契約が別途必要だったり、住民が自分で掃除できない固定窓の清掃費用が計上されていなかったりと、数多くの問題が1期目から噴出しました。ともかくにも支出削減が急務でした。例えば防災対策をしようと思っても、イニシア千住曙町の規模なら数百万円は必要になります。さらに各種行事をはじめコミュニティの活性化などやりたいことが多数あります。

しかし、組合の収支がギリギリで黒字という状態では、先立つものが足りません。このままではジリ貧が必至です。

そこで理事会は約5年をかけて各種契約の見直しに着手、２０００万円強の支出削減や支出先の変更を実施します。

１期目には東京電力と共用部の電力契約方式を変更、共用部保険を10年積立式に変更、来客が利用する一時利用駐車場の有償化により年４００万円の収支改善。２期目には利用が極端に少なかったミニショップの廃止（無人店舗化）、管理会社の委託契約費削減で年１１００万円の支出減。３期目には共用部の照明のＬＥＤ化、エレベーターの保守契約の切り替えで年４００万円の支出減。５期にはコピー機の買い取り、ネットワーク保守経費などの削減で年２５０万円程度の収支改善と、着実に改革を進めていきます。

管理費を削減する一方で、体質強化策としてマンション管理士の顧問契約費用や役員報酬の導入、防災・共用部の毎年の備品導入／更新費、住民専用インターネット掲示板の運営費、予備費など、組合理事会による「裁量的な経費」支出に総額年７５０万円程度を充てます。

余ったお金は震災などへの備えとしています。その結果、年に600万~700万円程度の黒字を定常的に確保することができました。平置きの駐輪場を120台程度増設し、駐輪場不足を低減するなどの改革も行いました。

「管理費」のうち管理委託費などはいわば「日々の生活で費消し、なくなっていくコスト」なのに対し、「修繕積立金」は将来の建物修繕に備えた「共同積立貯金」です。国土交通省の「マンションの修繕積立金に関するガイドライン」では、長期的な「均等積立方式」(均等割)で徴収することを強く推奨しています。

ところが、第2章で説明したように、ほとんどの新築マンション販売では、住宅ローンと管理費・修繕積立金を含めた、購入者の支払い負担総額を安く見せたいという販売戦略上の意図から、修繕積立金は低額からスタートし、5年目、10年目などに大幅値上げしたり、数十万~100万円単位の一時金を集めたりする「漸増方式」と呼ばれる積立金計画となっています。

イニシア千住曙町も例に漏れませんでした。当初の計画は漸増方式で、積立金は118円/平米のスタートでした。不足分は必ずどこかで値上げするか、一時金が必要になりますが、安い積立金のまま放置した期間が長ければ長いほど、後で大きく値上げをしなければなりません。

分譲時に提示されていた長期修繕計画は、30年で28億円の費用を見込んでいました。しかし、実は売り主であるコスモスイニシアの計算間違いで、「実は32億円かかる」と2年目に告げられました。

1戸あたりの負担が80万円増えることになり、簡単に納得できるものではありませんでした。また2期目には東日本大震災が起きて、壁のひび割れなどの不具合が発生したため、補修費用6000万円程度を長期修繕計画に織り込む必要が生じました。さらに長期修繕計画に織り込まれていなかった消費増税等も加味すると、30年に必要な金額は33・6億円に膨れ上がりました。

住民負担は日増しに増え、30年後には現在の約3倍の修繕積立金を払わないと十分な修繕ができない状況に陥ることがわかりました。

しかし、何もせずにいきなり修繕積立金を上げようとしても、住民は納得しません。値上げの前に、支出の削減などやるべきことはやったのか、という議論になる可能性があります。積立金の値上げの前に、管理費の削減に取り組んだのはそのためでした。

管理組合は管理費の適正化のプロセスを経た上で、修繕積立金を118円／平米から248円／平米へと2倍以上に値上げする議案を4期目に可決しました。以降30年間は値上げをしなくても建物が維持できるように設定をし直しました。現在よりも将来を見据えての改革です。

全戸平均で月1万円程度の値上げとなったことから、当然多数の反対意見があったものの、最終的にはなんと、515戸中90％の住民が賛成して可決されました。

総会までに十分な期間を設け、住民向け説明会を5回実施したほか、館内サイネージを使った情報掲示、6種類のビラ作成とポスティングなど、きめ細かな情報共有を積み重ねました（図表23）。

「500戸を超えるメガマンションが、5年ごとに値上げを総会に提案し、納得してもらって賛成を得る政治的コストは、あまりに過大です。

一度均等割を可決すれば大きく状況が変化しない限り、5年周期でその期の理事会が値上げの対応に忙殺されるようなことはありません。

私は、『修繕積立金の値上げを扱う理事会の役員になりたいですか？』と説明会で問いかけました。また、今均等割に移行すれば月1・9万円で済む修繕費が、例えば30年後に3・

図表23　住民説明用の資料の一部

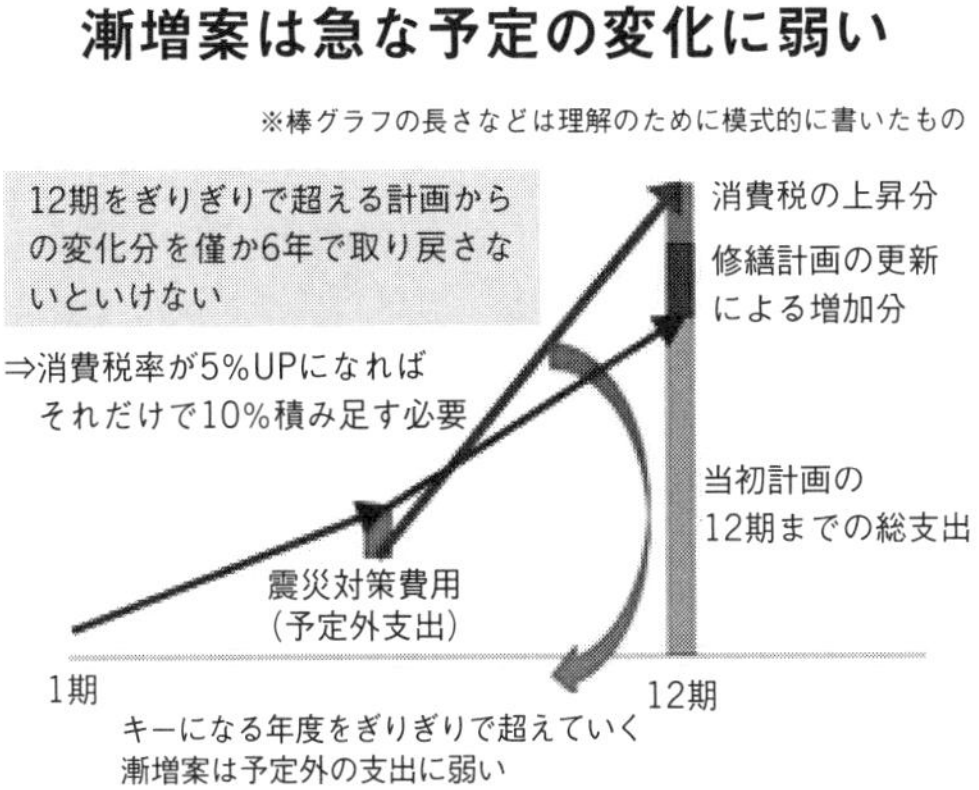

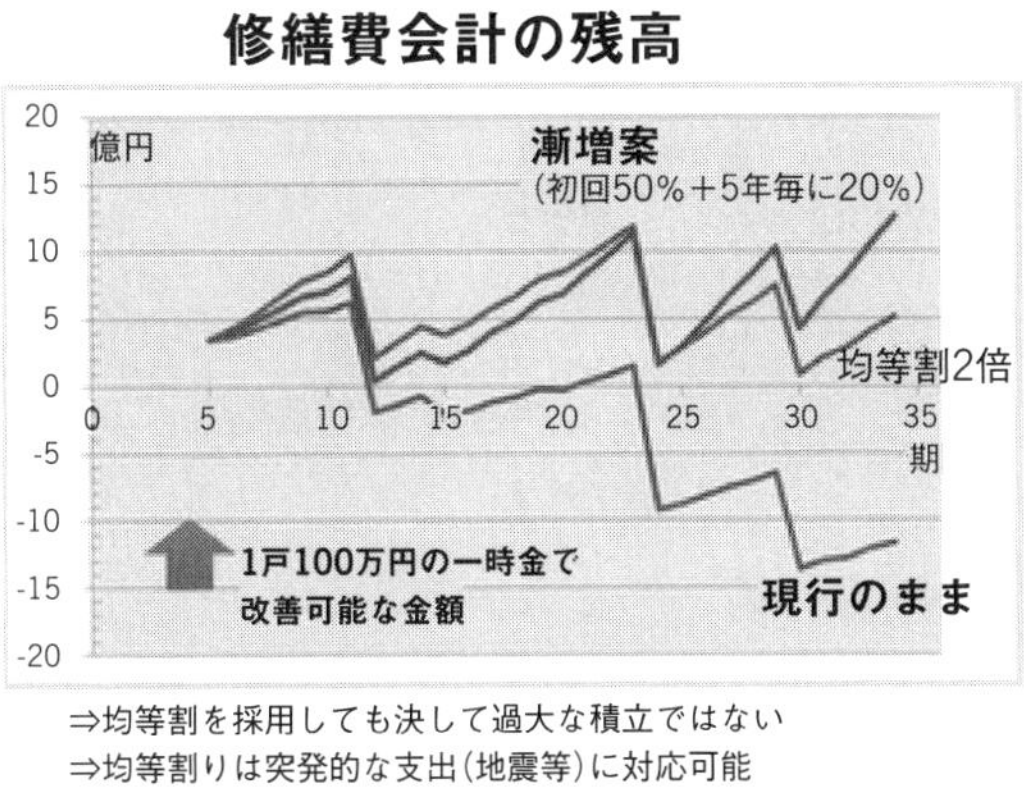

（出所）イニシア千住曙町提供

5万円になったときに、大半が年金生活者になっている住人が、本当に支払えるのか？という疑問もあります。漸増案で現在の負担を軽く済ませても、いずれ〝つけ〟を払えなくなれば、修繕は実施できなくなると考えました」と、應田さんは振り返ります。

理事会運営の改革

イニシア千住曙町管理組合が、1年間に住人から集めるお金の総額は約2・6億円。中小企業の年間予算額に匹敵します。大規模修繕費用となると、10億円単位の規模になります。一方で、組合を支える理事会のガバナンスは非常に脆弱でした。組合の理事は部屋番号によって輪番制で自動的に指名され、毎年ほぼ全員が入れ替わりとなります。こうした運営に、應田さんは危機感を抱いていました。

1期、2期と理事長を務めてきた應田さんは、管理会社や売り主からあらゆる案件がすべて理事長に集中する体制に疑問を持ちました。理事会には20人もの役員がいるのに、なぜ年400～500回にも及ぶ押印が全部理事長に回ってきて、問い合わせなどのEメールのやりとりが年に3000通もあるのか？

これでは理事長になりたいと立候補する人は現れません。輪番によって初めて理事になった人の中から、くじ引きをして理事長を決めたこともありました。

應田さんはこうした課題を解決するとともに、理事会の活性化を目指します。当時の役員とともに以下の規約改正を5期理事会で提案、役員の半数が翌期も残る形の法人格へと移行しました。

1 管理組合を法人化。理事長個人を管理者とする規定をなくし、監事の権限を強化。

2 副理事長数を3名に固定、理事長と合わせ4名を法人の〝代表理事〟とすることで副理事長の権限を強化、理事長の負担を分担。

3人の副理事長は、以下の担当範囲内で最終的な決裁権限と責任を持つ。

A 共用施設委員会：規約・細則など共用部の決まりごとやマナー問題、備品調達などソフト面を担当。

B 営繕委員会：修繕計画など建物全般のハード面を担当。

C 防災協議会：防災や自治会連携などの渉外案件を担当。

3 理事長のみに集中していた権限を法人あるいは代表理事に置き換え。総会・理事会の議長役や地震など非常時の対応などを除き、規約中からは理事長の文字を原則としてなくす。

4　理事の任期を2年、半数改選の制度へ移行。

イニシア千住曙町管理組合の理事会は現在、28名の理事と2名の監事で構成されています。理事の任期を2年とし、半分ずつ改選することで、マンション管理の質を継続的に担保しています。役職ごとのマニュアルが整備され、理事会役員の経験のない人が役員になっても、戸惑うことなく運営できるよう工夫されています。また、外部のコンサルタントを入れることによって、第三者的な視点も採り入れました。

また、理事会への付議資料は、専門委員会（4～5委員会設置）から理事会諮問への答申や議決要求を4人の副理事長が中心となってまとめて提案する形に移行しました。月例の理事会の資料を理事長が作成することはなくなりました。

住民からの要望などは専門委員会が処理します。理事長が個人レベルのクレームに対応することはありません。理事長は、理事会では報告提案資料を時間内にさばく議長役に専念します。同時に、マンションにとって本当に重要な案件、住人全員に関連する理事会直轄の最重要案件にのみ集中できる体制となりました。

図表24 イニシア千住曙町管理組合の組織図

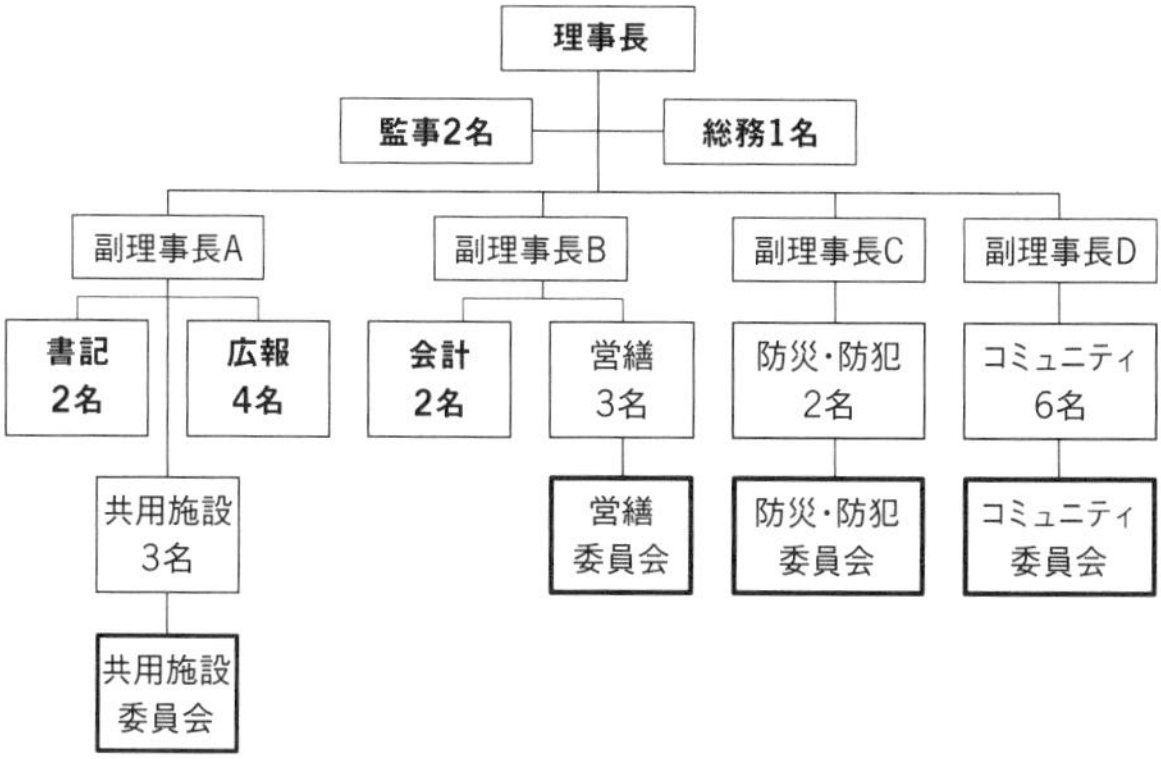

（出所）イニシア千住曙町ホームページ

共用施設委員会、営繕委員会、防災協議会などの各種委員会に参加する理事の数は原則2名以上確保、1年目の初心者理事を2年目の経験豊かな理事がサポートします。理事会役員は、役職の重さに応じ、月3000～1万円の役員報酬を受け取ります。

住民の合意形成を行う上で、やる気のある理事を確保することは重要です。イニシア千住曙町の理事会の出席率は、なんと90％です。毎月の理事会の後は懇親の意味で飲み会も行うなど、コミュニケーションも密に行われています。

仕事の都合などでどうしても継続した出席が難しいといった理事には辞職をしてもらい、欠員募集をすることもあります。「〃理事会は出席するもの〟という場の空気づくりも大切だと考えている」と理事長の滝井康彦さんは言います。

全515戸の大規模マンションだけあって、経営者、デザイナー、メディアの美術担当、プロ並みのカメラ機材を持った人など、多種多様な知識や専門技能を持った住民が、イベントのポスターデザインや動画づくりなどで活躍しています。適材適所の才能を見出しているのは、現理事長の滝井さんです。イベントの場などで直接声をかけ、スカウトしているそうです。

「見た目」には優先的にお金をかける

イニシア千住曙町は「外観」「エントランス」「共用部」「植栽」など、「見た目」には優先的にお金をかけています。これは、住民の居住快適性はもちろん、購入検討者へのアピールにもなり、ひいては資産性向上につながると考えているからです。まとめて修繕するより、こまめにメンテナンスするほうが、大きな傷みもなく、結局はリーズナブルに済むからといった理由もあります。時代や状況に応じて柔軟にメンテナンスや運用の見直しを行うとのことです。

新築マンション分譲時には部位ごとに無償の有期アフターサービス、また構造耐力上主要な部分（基礎、柱など）、雨水の浸入を防止する部分（屋根、外壁など）には10年間の瑕疵保証がついています。イニシア千住曙町ではこの期限より前に、売り主に無償で補修してもらうため、さくら事務所に依頼して建物を一通り点検しました。無償で補修してもらえれば、当初の長期修繕計画の10年目に予定されていた、屋根や外壁などの大規模修繕のコスト削減につながる可能性が高いからです。

また、そもそも長期修繕計画通りに修繕を行う必要性があるのかを探る意味もあります。建物のコンディションによっては、必ずしも計画通りに大規模修繕を行う必要はなく、無用なコスト削減につながります。

各種イベントでコミュニティ意識を高める

17年11月に行ったイルミネーション点灯式では、ラジオ体操や餅つき大会といった通常の子ども向けイベントとともに、東京電機大学モダンジャズ研究会のメンバーを招き、大人世代の住民向けのワイン&ジャズイベントを開催しました（写真３）。普段はあまり見かけない年配の方々も楽しげに参加され、意外なニーズを発見しました。

「以前住民アンケートを実施したところ、ファミリータイプのマンションだと思い込んでいたうちのマンションの4割が、お子さんのいない世帯でした。そこで点灯式で大人向けイベントも開催してみたら、年配のご婦人が飛び入りでマイクを持って歌ったり、ご高齢の管理人のリーダーがドラムパフォーマンスを披露するなどのサプライズも飛び出し、みんな喜んでいました」と滝井さん。

公式ホームページやエントランスのマットに使われているオフィシャルロゴは、住民がデザインしました。また、住民と関係者による動画「恋するフォーチュンクッキー」を制作、ユーチューブで公開しています。

17年にはマンションのゆるキャラ「せんぼのちゃん」が誕生、マンションの子どもたちに大人気です(写真4)。マンションにゆるキャラがいるのはおそらくここだけではないでしょうか。さらに本書が出るころには、マンションの歌をお披露目する予定です。

こうしたソフト面施策の効果は、住民同士のコミュニティ意識が高まってマンション管理運営がより円滑になるとともに、災害時の相互協力や、ひいては資産性向上に大いに役立つはずです。

写真3　東京電機大学モダンジャズ研究会を招いたワイン＆ジャズイベント（イニシア千住曙町ホームページ）

写真4　マンションのゆるキャラ「せんぼのちゃん」（同）

ウェブやSNSで積極的に情報発信

公式ホームページやブログ、SNS等を活用した情報発信も盛んに行っています。イニシア千住曙町には「ホームページ委員会」があり、広報担当理事3名と理事長、副理事長の5名体制で運用されています。

公式ホームページを見ると、「マンション概要」「管理組合法人」や「自治会」の情報を確認することができます。プライバシーに配慮しつつ、「管理規約・細則」はもちろん「理事会議事録」「総会議案書」「長期修繕計画」「財務諸表」などを一部公開しています。こうした内部書類は、マンション購入検討者の判断材料として非常に有用ですが、外部に公開しているマンションはそれほど多くありません。

こうした情報公開はひとえに、組合運営に自信があるからできることで、これによって当マンションの信頼性は大きく増すでしょう。先に触れたようにマンション管理組合の運営状況は、中古マンション市場の資産性の評価に織り込まれていませんが、国による制度整備は着実に進んでおり、いずれ日の目を見ることでしょう。

SNS（ツイッター、フェイスブック、ユーチューブ）では、「イベント」「メディア出演情報」「近隣情報」も発信しています。「旬の情報をタイムリーに公開する」「写真や動画でビジュアル訴求」「プライバシーへの配慮」「積極的な情報拡散」「ＳＥＯ対策やアクセス解析」といった点に配慮し、特段のトラブルなく運用が行われています。

こうした情報発信も、所有者、住人はもちろん、これからマンション購入や居住を検討している人にとって非常に有用でしょう。

活動広がるＲＪＣ48

前著『不動産格差』でも紹介しましたが、應田さんは「ＲＪＣ48」という、マンション管理組合の役員経験者が集う勉強会の代表を務めています。ＲＪＣは理事長の略で、アイドルグループＡＫＢ48にちなんで名づけられました。

「20人程度のメンバーだった頃に、48人を目指しましょうというつもりで名づけましたが、現在の参加者は約１６０のマンションから１８０人。参加マンションの総戸数は7、8万戸にも達しています」と應田さん。

應田さんは理事長をしていた頃、理事会の活動がうまくいかず、苦労をしていました。ツイッターなどのＳＮＳで悩みをつぶやいていたところ、それに呼応して複数名の理事長が現れたのが、勉強会立ち上げのきっかけになりました。

当初は飲み会のような懇親会程度でしたが、お互いの事例紹介をする勉強会をやりましょうという話になりました。参加者は首都圏にあるメガマンション、タワーマンションの役員比率が高く、すでに複数年理事や理事長を務めた経験者が多いようです。

「自分のマンションが抱えている問題について、お互いに得意な分野の先生役となり、参加型で情報交換をしたいという想いから、ネット上で情報交換が可能になった今でも、対面での勉強会と懇親会を中心に活動を進めています」と應田さん。ご興味のある方はぜひ参加してみてはいかがでしょうか？

白金タワー

管理会社不祥事を機に経営改革に着手

東京都港区、東京メトロ南北線・都営地下鉄三田線の白金高輪駅直結の「白金タワー」は2005年に竣工。住宅581戸、店舗22区画、総戸数603戸からなる3棟地上42階、地下3階建ての複合タワーマンションです（写真5）。竣工当初の管理組合は、再開発地権者がそのまま理事や監事を務めていました。

　しかし、第5期の末に、再開発当初から地権者と深く関わってきた管理会社（当時、長谷工コミュニティ）のフロントマネジャーによる現金横領が発覚します。

　第6期から理事に就任し、第7期から理事長を務めている星野芳昭さんは、長年、企業の統治改革や幹部研修、自治体の行政改革や公共調達等のコンサルティング活動を実践してきましたが、管理組合には関心はありませんでした。

　しかし、総会に参加して管理組合の実態をみて、「これは放っておけない。会社で言えば倒産寸前。再建を舵取りしないといけない」と、管理組合の改革に週末の時間を費やすことを決意しました。

　まずは共用部のカーペット張り替え工事の見直しに着手しました。当時、

写真5　白金タワー

管理会社提示の見積もりが約3600万円だったところ、競争入札にして1000万円以上のコストダウンを実現、調達ガイドラインも制定しました。

管理会社を交替

同時に業務の見直しに着手。新たな業務仕様と独自の審査方式に基づき、指名競争型企画コンペ方式を採用。指名業者の中にはあえて長谷工コミュニティを含め、地権者の心情を配慮しました。1次審査、2次審査を経て最終的には三井不動産住宅サービス（現、三井不動産レジデンシャルサービス）に決定。委託料といったコスト面よりも、マンションの資産価値向上に対する姿勢や課題解決能力、現場責任者の人事的な重要性等を重視しました。

「三井の本気度合いを確信したのは、本社の人材開発課長を担当者に任命し、実際に赴任が決定して面談をした時」と星野さんは振り返ります。以降、三井は事業所長及びマネジャーにエース級の人材を配置することになります。

「管理会社の変更は居住者に『良くなった』という印象を与えましたが、それだけでは再建にはつながりません。最大の課題は4分の3という特別決議を成立させるために区分所有者の責任意識（オーナーシップ）を醸成し、意志が反映できる管理組合の経営確立です」と星野さんは考えました。

12年3月の第7期臨時総会では、管理組合設立後初めての規約改正を実現させます。その中には「区分所有者は賃借人等関係者と一体となって規則等を遵守する義務を負う」や、「監事は外部の有識者に委任できる」などが盛り込まれます。

以降、上場企業の監査役経験者等が監事を務め、理事の執行状況の監査のみならず、理事の選定委員会的な役割も果たしています。

他にも「ボードルームの設置」「バルコニーを含む敷地内全面禁煙」「共用部の無線LAN整備」「法的措置について理事会権限の強化」「時間貸し駐車場の直営から外部サブリース方式への変更による現金扱い廃止と収入増」「白金タワーの商標権取得」「トヨタ普通株、AA株取得」「法人登記センターの設置」「外国人区分所有者の国内連絡先明記義務化」など、矢継ぎ早に規約規則改正を進めます。

また民泊という言葉がなかった13年度から、外部監事の勧告でいち早く民泊禁止の規約改正、さらに管理会社によるホームページの監視、早期発見と近隣連携などを行っています。

15年6月には2035年ビジョンを設定し、長期修繕計画を立案します。それに基づいて修繕積立金を平準化し、専有面積平米あたり月額360円に改定します。一方で執行時の仕様見直し等で修繕費を徹底的に削減しました。

16年4月には管理組合を法人にして、併せてそれまでの全体管理組合、住宅部会、店舗部会という3階建ての構成を統合し、理事は9名に、監事は3名と竣工時の半分の体制にします。

ＥＶ実証実験や地域包括ケア導入も

災害時の電源確保に対する取り組みも先進的です。「現在のA重油を使った自家発電機は定期的に石油を入れ替えなければならないし、実際には半日も稼働できないことが予想される。一方で白金タワーは平置き駐車場が約２７０台分あり、いずれ自動車はＥＶになっていく。だからＥＶ車を非常用電源として活用する時代が来る」と予想します。東京海洋大学教授の刑部真弘氏に助言を求め、ＥＶ車に搭載されたリチウムイオン電池を高層エレベーターの運転などに活用するための実証実験を行いました。18年中の実用化を目指しています。

さらに一人暮らしの高齢者の問題にも取り組んでいます。居住者アンケート結果によると、65歳以上の高齢住民の92％が永住志向を持っていました。そこで、一人暮らしの高齢者が、施設に入居しなくとも在宅介護を受けられる体制を管理組合の主導で構築することで、白金タワーの資産価値をさらに高めていくことを目指しました。港区の地域包括支援センターや社会福祉協議会、高輪警察署等と連携しつつ、「白金タワー包括ケアシステム」の取り組みを進めています。

管理会社による「鍵の預かりサービス」、入居者の安否確認や日々の声かけ、軽微な居室内のサービスも既に行っています。また今年度の事業計画には、「訪問看護ステーションの誘致」が盛り込まれ、中高年の健康診断や相談、健康体操の実践などが計画されています。

厚生労働省などの行政は、施設数の不足や効率化の観点から在宅介護を推進しており、「地域包括ケアシステム」の構築に力を入れています。しかし、地域包括ケアは戸建て住宅の集合としての市区町村を想定したものです。白金タワーはこの地域包括ケアを、24時間管理体制が整う581戸の大規模集合住宅の特性を活かし、導入する予定です。

星野氏はマンション管理について、「維持管理ではなく経営、つまり区分所有者がオーナーシップの自覚を持ちガバナンスを発揮し、管理会社を適切にマネジメントすることだ」と強調します。

白金タワーの分譲時の平均坪単価は341万円程度。築13年で、一般には経年により資産価値は減少しますが、市況も手伝って現在、分譲時価格を大きく上回っています。管理組合法人の純資産は15億円となり、1議決権あたり240万円の法人価値（BPS）があり、優良な財務体質といえます。もちろん無借金経営です。

白金タワーのような、経営が徹底されているマンションは今後さらに資産価値の評価が高まる一方で、区分所有者の意識が低く、管理会社の敷いたレールに乗っているだけで経営が確立されていないマンションの価値は下がり続けると思われます。資産格差は将来、雲泥の差になると思います。

「マンションは管理を買え」とよく言われますが、本来は「マンションは経営を創れ」が正しいと思います。白金タワーは、立地はもちろん管理組合経営の質も、間違いなく地域ナンバーワンといえるでしょう。

マンションの価値は住人が創る

パークシティ武蔵小杉ミッドスカイタワー

神奈川県川崎市の「パークシティ武蔵小杉ミッドスカイタワー」は、全707戸、推定2500名が居住する、高さ約200メートルの超高層タワーマンションです（写真6）。

管理組合は理事14名と監事2名。役員の選出には立候補と輪番を併用し、任期は2年。理事を断る場合には「理事会協力金」として管理費の50％（任期分）を徴収するといった体制をとっています。

管理組合について理事の志村仁さんは、「〝推定人口２５００人の街〟を束ねる管理組合の最も大事な使命は、ゆるぎない財務基盤（カネ）です。目指すのは、なるべく住民負担を増やさずに自動的に稼げるマンション。次にハードの維持管理（モノ）、その上で防災や交流（ヒト）が実現できる」と話します。

写真6　パークシティ武蔵小杉ミッドスカイタワー

ミッドスカイタワーは超高層タワーマンションとしては珍しく、管理費が平米２３８円、修繕積立金が２１６円とリーズナブルな設定です。しかし、当初の財政状態はすさまじいものでした。一般会計は６％の赤字。そのままでは、早ければ4年目に管理費の値上げを余儀なくされる状況でした。さらに修繕積立金は10年後に3倍、20年後に5倍になるといった長期修繕計画でした。これでは、住宅ローンを払い終えても、将来にわたる管理費や修繕積立金の支払いは膨らむ一方でした。

このことに気づいた住民有志は、財政の根本的な見直しを決意します。

まずは管理費一般会計の赤字の解消を目指し、2年目、3年目に大幅な経費削減を進めます。東日本大震災直後には大節電を断行したほか、管理会社などとの長期にわたる折衝の末、委託管理費や外注契約費を節減。これにより年間3500万円の支出削減を達成し、これまで赤字だった一般会計収支を黒字化します。管理費の値上げをせずに、徹底的な固定費削減とムダ使いの抑制に努めました。

「建物は買った瞬間に負に向かうもの」と理事長の松尾恵司さんは言います。2年のアフターサービスが切れる前に、さくら事務所に依頼して、地下ピットやエレベーターシャフト外壁など立ち入り困難な箇所を中心に徹底的なインスペクション（建物調査）を実施しました。

このインスペクションには約400万円かかりましたが、調査結果をもとに売り主と交渉した結果、なんと総額1億3000万円相当の無償修繕を実現します。保証が切れる前に、アフターサービス、瑕疵担保修繕を活用することができました。

続いて収入増です。ミッドスカイタワーには「有人カフェラウンジ」「すべての階にセキュリティーゲート」など豪華な施設設備があります。需要の高い設備、施設の料金を高めに設定し直す一方で、不人気のものは低めに変更するなどして総収入の増加に努めました。

こうした取り組みによって、一般会計は10％の黒字に改善できました。「与えられた環境に満足しない、足りないものは自分で作る、言い値で納得しない、業界常識を鵜呑みにしない。これがパークシティ武蔵小杉ミッドスカイタワーの鉄則です」と志村さん。

3年目には、玄関ロビーにデジタルサイネージ（電子看板）を設置。東日本大震災の教訓から、人の集まるロビーに大画面のディスプレーが必要と判断しました。日常は公示用のデジタルサイネージとして使用します。震災などの停電時には小型発電機によって作動します。

5年目にはトランクルームを増設。初期設定のトランクルームでは足りないとの住民要望に応え、3年かけてマーケティング調査・設計・業者選定を組合主導で行い、通常の40％程度のコストで収め、4年程度で工事費を回収できる状態にしました。

また外構部植栽の全面改良に着手しました。武蔵小杉駅の駅前開発が完了したことを受け、周辺環境にフィットさせるのが狙いです。マンションの植栽は一度植えたら放置というのが一般的なのですが、常時適切に手入れが行われるフルメンテナンス契約に切り替えました。

12年目、24年目などに定期的に必要とされる大規模修繕については、時期が来たら自動的に設備や機器を取り換える修繕のあり方はおかしいと、日常修理と大規模修繕を分けない、「状態監視型」を目指しました。たとえば3000万円と見積もられていたポンプ機械の入れ替え費用は、精査するとパーツ交換の80万円で足りました。

さらに先を見据え、4年目に長期修繕計画の大改定を行いました。ミッドスカイタワーのような超高層タワーマンションは、分速200メートルの高速エレベーター、高さ200メートルの水圧ポンプなどが備えられていますが、こうした特注の最新設備を将来更新する場合、20～30年ごとに数十億円のコストがかかります。

タワーマンションは一棟一棟、ゼネコンがその時点で持つ最新の工法を駆使して造られています。資材や設備は特注で汎用品が使えないことも多く、ただでさえコストがかさむ傾向にあります。

そこで、すべての設備や施設のライフサイクルコストを洗い出し、これらを十分に補うことができるコストを算出、それを毎月・毎年積み立てていくといった手法をとりました。月額約7000円だった修繕積立金は約1万7000円へと引き上げられました。元の計画では修繕積立金は5年ごとに値上がりし、築20年で月3万円近くになる計画でした。そもそも計画期間も30年しかありませんでした。

「50年安心計画」を立案

そこで、ミッドスカイタワーでは計画期間を50年とし、期間中は大災害や超インフレでも起こらない限り、修繕積立金が変わらない「50年安心計画」を立てています。目先の負担額は上がりますが、長期的な視野と計画を踏まえた案に対し、住民から大きな反対の声はありませんでした。

また、機械式駐車場は、保守点検、臨時修理、定期修繕など維持管理に莫大な金がかかります。駐車場収入はすべて修繕積立金に回っているわけではなく、一般会計（管理費）に充当されているという問題がありました。これでは将来、駐車場の稼働率が低下した場合、駐車場単体での収支が合わなくなるはずです。17年の稼働率実績は84％でしたが、66％を切ると、単体で赤字になることがわかりました。

そこで、駐車場収支を他会計から分離し、単体での収支を「見える化」し、理事会や総会で収支バランスを情報共有することで、財政の実態を把握できるようにしました。駐車場の稼働率を上げるために一部は外部貸しも実施しています。

ゲストルームなどその他施設の収支改善策としては、稼働率の低い施設の料金を下げる一方で、稼働率が高い施設料金を上げました。その結果、かつて50万円程度だった諸施設からの収入は180万円程度へ改善しています。

プライマリーバランスで経営状況を把握

志村さんは「管理組合のプライマリーバランス分析が必要です」と話します。プライマリーバランスとは「基礎的収入と基礎的支出の差額」を指し、国や自治体などの財政収支分析に使われる手法です。これと同様の考え方を、管理組合運営に採用します（図表25）。

「基礎的収入」とは「内外環境の変化に影響されず確実に獲得できる収入金」で、管理費やインターネット、CATV、トランクルーム使用料など、強制的に徴収されるお金です。各種施設の使用料などは流動的な収入で、基礎的収入に含まないようにします。

一方、「基礎的支出」とは「マンションを維持管理するために必要不可欠な支出」を指し、委託管理費や光熱費、設備保守点検費などを含む一方で、娯楽系行事の費用や慰労会費など

図表25 管理組合のプライマリーバランス（PB）分析

基礎的収入とは

内外環境の変化に影響されず確実に獲得できる収入金

- 含まれる項目例
  管理費、インターネット・CATV費用、バルコニーやトランクルーム使用料など強制的に徴収される管理費
- 含まれない項目の例
  共用施設使用料全般、収益事業（設備の貸し出し、アンテナ設置、HP広告料など）、自治会費、町内会費など任意支払い又は法的に強制徴収ができない収入、保険補償受取金（該当する修繕修理支出と相殺）、事前立替払の取り立て金（該当する支出と相殺）、還付金、補助金、寄付金等の臨時収入

基礎的支出とは

マンションを維持管理するために必要不可欠な支出、つまりこの支出なしにはマンションの生存が困難となる経費支出

- 含まれる支出項目例
  委託管理費、電力等光熱費、設備保守点検費、原状回復修繕費、管理事務所維持費、事務器具など必須の備品や消耗品費、保険料支払、防災費
- 含まれない支出項目例
  娯楽系行事費、町内会費、アップグレード補修費、役員報酬、慰労会・懇親会費、勉強会その他研修参加費、防災関係以外の自治会費、なくても困らない備品購入費用、カフェ・プール・ゲストルーム・ジム・ラウンジなど便利施設の維持費、立替払い

PB分析が意味すること

- 名目収支が300万円の黒字であっても、PBが50万円の赤字のマンション
  →駐車場料金等に大きく依存。将来の環境変化で料金収入が減ると一般会計が維持困難になるリスク
- 名目収支はトントンなのに、PBが100万円もの黒字のマンション
  →不要不急の支出が大きい可能性。支出見直しの検討必要あり

（出所）パークシティ武蔵小杉ミッドスカイタワー管理組合

は含みません。

このように分類・整理してみると、例えば「名目収支300万円の黒字、プライマリーバランス50万円の赤字」であれば、駐車場収入など特定の流動的な収入に依存している問題点が浮かび上がり、「名目収支トントン、プライマリーバランス100万円の黒字」なら、不要不急の支出が大きい可能性があるなど、収支の状況を把握しやすくなります。

支出については、何を必要不可欠とし、何を不要不急とするかは管理組合ごとに議論の分かれるところですが、いずれにせよプライマリーバランス分析は収支の実態を理解するのに非常に有用な手法です。

ミッドスカイタワーの修繕積立金額は年間1億円を超えるため、資産運用も検討しています。大きく毀損してはいけないので、国公債などを中心に運用をしています。これまでの運用益は単年度で500万円を超えることもあり、累計2100万円に上りました。17年には高格付け社債に運用対象を拡大、18年には株式運用も視野に入れています。

防災への取り組みも秀逸です。委員会メンバーが各フロアに出向き、消火栓や非常電話の使い方を説明、防災マニュアルから重点ポイントを抜き出し簡易なパンフレットを作成し配布。各階には防災倉庫を設置。災害対策本部には大きな権限を付与、総会が開催できなくても災害対応を迅速に行える仕組みとしています。こうした取り組みが認められ、川崎市から「高層集合住宅の震災対策に関する整備基準」の第1号認定を受けます。

「マンションの価値は、与えられるものではなく、創るもの」と話す志村さん。タワーマンションは一般的なマンションに比べ、修繕コストが非常に割高です。放置しておくとやがてジリ貧の未来が待ち受けているかもしれないところ、管理組合の積極的な改革を成功させたパークシティ武蔵小杉ミッドスカイタワーは、武蔵小杉のタワーマンションの中で先頭を走っていると思います。今後の経年が楽しみです。

かつて、高齢化による荒廃マンションの増加が社会問題となったイギリスは、高層マンションの建設を禁止するとともに、スラム化したマンションを税金で取り壊しています。武蔵小杉に林立するタワーマンション群の一部も、それと同じ道を歩むことでしょう。

第2章で述べた通りタワーマンションが建ちはじめたのは、容積率緩和など一連の規制緩和が行われた97年以降です。すでに20年が経過しました。ただでさえコストがかかる大規模修繕に対応できず、スラム化するマンション。一方できちんと管理され、資産として維持されるマンション。武蔵小杉のみならず、各地に林立するタワーマンションには、大きな格差が生まれるはずです。

ザ・パークハウス 横浜新子安ガーデン

組合運営はオンライン中心で

神奈川県横浜市神奈川区の「ザ・パークハウス 横浜新子安ガーデン」は、15年1月竣工。地上10階建て、地下1階建て、総戸数497戸の大規模マンションです(写真7)。横浜新子安ガーデンは「一部の人だけが引っ張っていくのではなく、みんなでマンションを経営していく」という方針で管理組合運営に取り組んでいます。

管理組合の日常のやり取りは、インターネットを通じて行います。理事は18名。築年数がまだ浅いこともあって、30〜40代が中心です。シニア層も特に抵抗なく、インターネットを通じたやり取りが意外に早く浸透しました。

理事会の日程調整や出欠確認はもちろん、議事録など資料はすべてデータで保存しています。担当役員の資料の引き継ぎや情報共有の効率が高まり、活動のスピードアップにもつながっています。いまだに多くの管理組合では、資料がそれぞれの理事のパソコンに別々に保存されています。情報の共有ができず、理事交代する際にこれまでの経緯がわかりにくくなっ

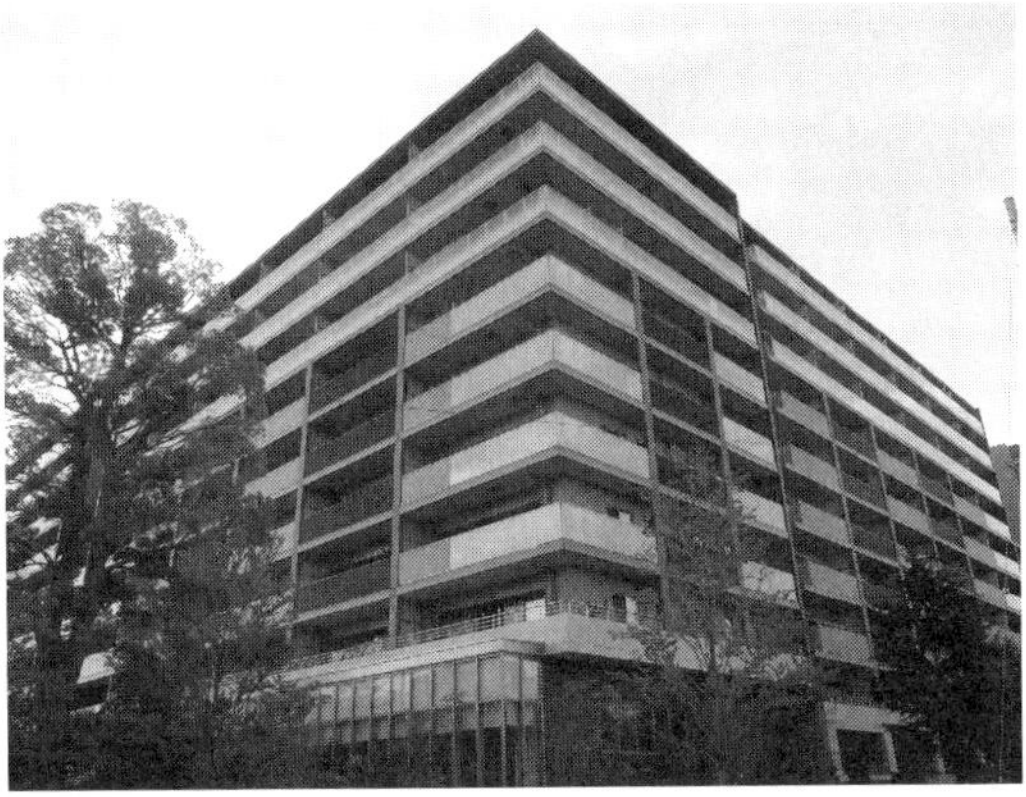

写真7 ザ・パークハウス 横浜新子安ガーデン

ています。

ＩＴを活用すれば全戸向けのアンケートを取る際にも、住民はスマホやＰＣから回答できるので回答率が高くなり、手軽に参加できます。将来的には完全ペーパーレス化を目指していますが、ネットが使えない方や抵抗感のある方もいるため、書面でも対応。確認忘れ防止の観点から、現時点では全戸に書面を投函しています。

１期目には、理事が一度に入れ替わって活動が途切れることのないよう任期２年とし、半数ずつ交代となるように規約を改正しました。また、共用部の火災保険について満期返戻金が受け取れる「積立マンション保険」の導入、修繕積立金の一部の「マンションすまい・る債」（住宅金融支援機構）による運用などに取り組みました。

シアタールームにカラオケを導入

2期目には共用施設の運用改善に取り組みます。共用部分はホテルのような、ゆったりとした「ラウンジ」をはじめ、「ゲストルーム」「キッズルーム」「シアタールーム」「パーティールーム」「スタディルーム」「スタジオ兼集会室」など非常に充実しています。

しかし、すべての共用施設が住民の役に立っているわけではありませんでした。シアタールームには、大型スクリーンに最新の音響設備があり、防音にも配慮した上で、室料は1時間400円と格安だったにもかかわらず、ほとんど利用されていませんでした。このままでは、維持・メンテナンス費用ばかりかかり、負の遺産となるのも時間の問題でした。

そこで理事会は知恵を絞り、ポータブルカラオケ機器を購入します。防音が配慮された施設という特性を生かし、映画などを観るだけのシアタールームを、カラオケルームとしても使えるようにしました。この方策が奏功し、利用者が増え始めました。とりわけ小学校低学年や未就学児の子どもを連れた親子連れが増えました。購入したカラオケ機器は、組合総会やクリスマス会などで拡声器としても活用しています。

機械式駐車場は多くのマンションにとって悩ましい課題です。日々の高額な維持費に加え、30年後などの将来、莫大な交換コストがかかります。横浜新子安ガーデンでは、入居直後から駐車場の稼働率が70%程度と低く、外部貸し出しなどを検討しました。しかし、マンション敷地内に外部者が立ち入ることとなるため、セキュリティ面を考慮したうえで断念しました。長期修繕計画の見直しと合わせ、立体駐車場の一部を取り壊し、平面式に転換しました。同時にミニショップの営業時間やミニバイク置き場の使い方も改善しました。

地域の一時避難所にも

防災活動にも積極的に取り組んでいます。新子安ガーデンの広大な敷地は、かつて日産自動車のグラウンドでした。広域避難場所に指定され、古くから地元の交流イベントや防災訓練の場所として、地域住民の方々に長く親しまれてきました。また横浜市「地域力・魅力アップ・新子安地域まちづくりプラン」に認定されていたこともあり、敷地内には「一時避難所」「認可保育所」「学童保育施設」「地域交流施設」が設置され、地域に開かれたマンションとして、マンション管理組合が積極的にコミュニティ活動や防災活動を展開しています。

16年9月には地元消防署、警察署、消防団の協力のもと、地震後の火災発生を想定した避難訓練を行いました。分刻みのタイムテーブルを作成し、避難誘導などスムーズな進行を実現しました。

地域防災拠点となっている敷地内のサークルガーデンでは「防災用マンホールの組み立て」「水消火器による消火訓練」「全戸配付の在宅マグネットシートを玄関扉に掲示」「ITコミュニケーションツールを使った、安否確認機能の動作確認」などのプログラムを実施し、約300名が参加しました。「マンション防災マニュアル」は竣工当初から検討着手、理事会内に「防災検討班」も設置しています。アンケートの実施により、要支援者のリストも作成済みです。

また、売り主による2年間のアフターサービスを積極的に活用するため、専門家に建物の点検を依頼したうえで、専有部・共有部ともに無償で補修を受けるべく承認をとり、大きな成果を上げました。住民の評判も良いようです。

3期目には、理事長の責任分散や活動の円滑化を目的に管理組合を法人化しました。町内会から独立しマンションを1つの自治会とするなど、組織形態の調整を行いました。理事は立候補と輪番との組み合わせですが、輪番で理事が回ってきても、必ずしも積極的に活動できる人ばかりではありません。こうした場合には「管理費の半額×任期」分を支払えば、理事長を担えない場合の選択肢として「管理協力金制度」を設けました。

分譲時からの長期修繕計画も、大幅に見直しました。従前計画の期間を30年から50年に延長。さくら事務所のアドバイスも受けながら必要な積立金額を割り出し、平米100円程度だった積立金を、264円へと一気に値上げしました。段階的に値上がりするより50年均等である利点を丁寧に説明しつつ、95%以上の賛成で可決しました。

横浜新子安ガーデンの取り組みは、このほかにも「ミニショップを活用した夜の集い」「七夕、ハロウィン、クリスマスイベント」「広報誌・理事会だより配布」「不要自転車無料処分」「宅配ボックスによる書留郵便受け取り」など、住民間のコミュニケーションや生活利便性に配慮した活動が目白押しです。

1・2期に理事長、3期に副理事長を務めた野邨健太さん、4期目の理事を務めている林太祐さんはともに、「管理組合運営のカギは言うまでもなく〝人〟。今後も円滑に活動が引き継がれていくことが大事です」と語っています。

ザ・パークハウス 横浜新子安ガーデンは、立地、規模、グレード、管理組合の運営も地域ナンバーワンといえます。今後市場に大きな変化が起きたとしても、こうしたマンションの優位性は高いままでしょう。

ニューロシティ

1年かけて大規模修繕計画を徹底的に見直し

東京都日野市の「ニューロシティ」は03年8月竣工。15階建ての6棟、総戸数707戸という大規模マンションです（写真8）。

運営組織は主に共有財産の維持を目的とする管理組合と、居住者相互の親睦を目的とする自治会で行います。相互の連携・協力も密で、盆踊りや防災訓練などのイベントが円滑に行われています。

11年3月の東日本大震災の影響もあって、外壁タイルの剝がれや浮きが散見されたことをきっかけに、12年に理事会の外部組織として大規模修繕の専門委員会が立ち上がりました。専門委員会は役員経験者や修繕担当理事など総勢20名、外部コンサルタントとしてさくら事務所のメンバーが加入、月一度の委員会で議論を重ねました。

必要箇所はコストをかけても直す必要があります。売り主による10年間の無償アフターサービス範囲となり得る箇所も見つかりました。13年には打診調査によってタイル浮きの箇所と

写真8　ニューロシティ

図表26　ニューロシティ管理組合の組織図

「管理規約：目的」より
共同の利益を維持し、良好な住環境を保持するとともに、正しく財産価値を守ることを目的とする

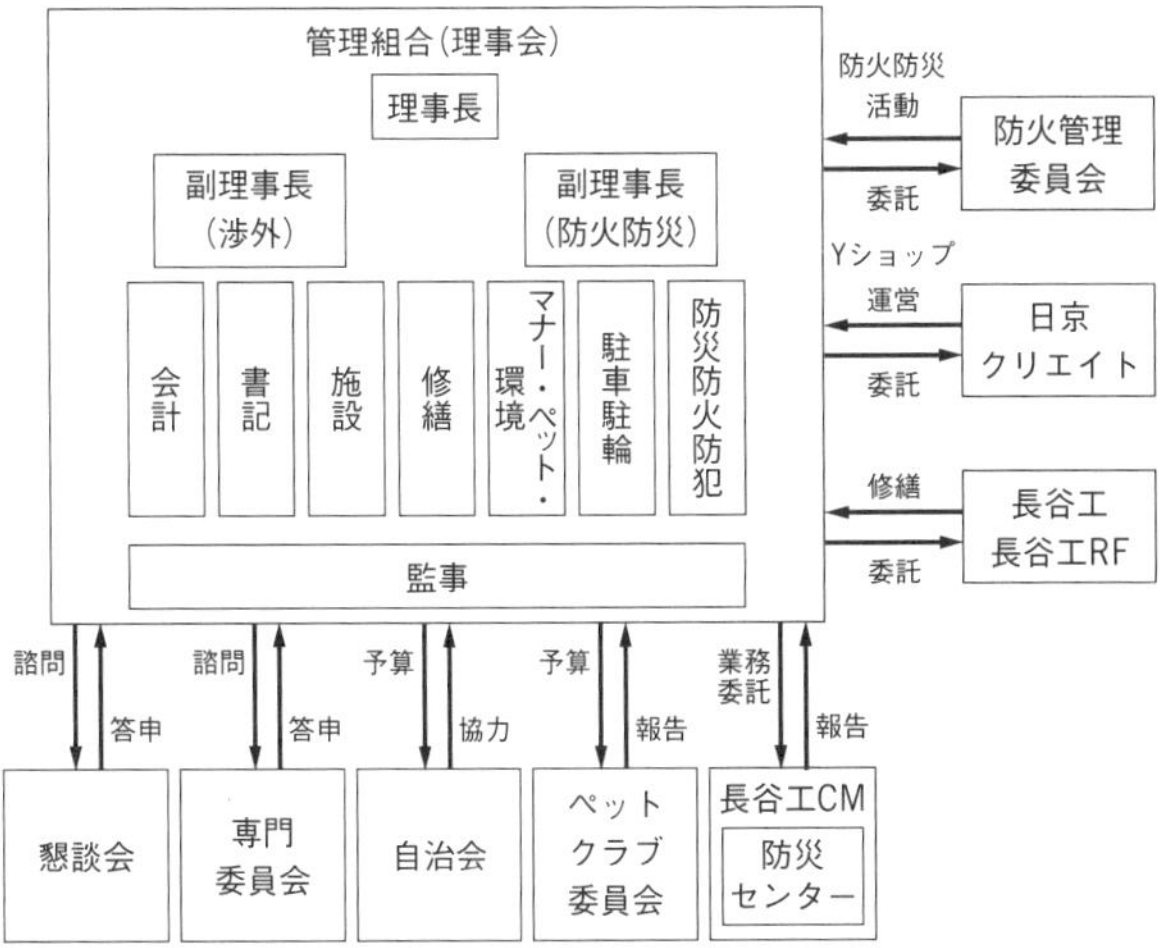

（出所）ニューロシティ管理組合提供

数を把握。14年には工事内容の精査をしました。

分譲時の長期修繕計画は、とりあえずの「案」に過ぎません。各マンション用に特注されたものではなく、建築費の高騰や消費増税なども考慮されていません。大規模修繕工事には莫大なコストがかかるため、本当に必要な工事は何なのか、把握する必要がありました。

タイルの修繕方法も専門委員会で検討

まず、必要なタイル数と、将来に備えた数百枚分のタイルを確保しました。タイルの補修は一般に、タイルに穴をあけモルタルや樹脂系の接着剤を注入する工法が主流ですが、空洞部分にうまく接着剤が入り込んだかどうかの検証はできないため、不採用にしました。

また従来の工法はモルタルによる接着でしたが、長期的なコストパフォーマンスを考慮し、コストはかかるものの、より接着性が高く地震による変形に強い弾性接着剤を採用しました。

委員会でも意見は分かれましたが、試験施工や引張試験を行い、弾性接着剤の優位性を確認、採用に踏み切ります。コストアップ分は、修繕計画で予定されていたものの、建物検査の結果、当面緊急性が低く補修不要とされた廊下やバルコニーのシート交換、屋上の防水工事などを見送ることで予算内に収めました。

外壁塗装はよりひび割れしにくい弾性塗料・微弾性塗料を使い分けて再塗装。バルコニーや廊下の防水や5年おきに行う鉄部の再塗装も、必要箇所のみ行いました。

大規模修繕工事で最もコストがかかるのは仮設足場です。一般に使われるのはその中でも低コストの、鋼管を組み立てる「枠組み足場」で、廊下側にはこれを採用しましたが、バルコニー側を枠組み足場にすると、期間中はシートに覆われてしまい、日照や通風が制限されるうえ防犯上の不安もあるため、「リフトクライマー」と呼ばれる移動式の昇降足場を採用。コストより工事中の開放感や安心感を優先しました。リフトクライマーは昇降中に音楽が鳴るため、自分の部屋に近づくのがわかるといった利点もあります。

こうした活動を行うにあたっては、住民とのコミュニケーションを重視しました。複数回の説明会だけでなく、お祭りなどイベントの際には施工会社のブースを設け、工事のプレゼンをしてもらう、工事中は進捗状況を掲示板で公開する、バルコニーに洗濯ものを干してもいい日を示す「洗濯情報」をエレベーター内に貼り出す、意見箱を設置し寄せられた意見に丁寧に回答するなど各種の工夫を行いました。すべての工事が完了したのは16年3月と、専門委員会の設置から3年3カ月かかりました。

ニューロシティが秀でているのはここから先です。全工事が終了するとすぐに工事の総括を行うとともに長期修繕計画検討委員会を設置、17年に1年かけて長期修繕計画を徹底的に見直しました。当時の修繕積立金の徴収法は、分譲時に設定されていたいわゆる「段階増額方式」で、経年ごとに積立金額が増えていく方式でした。今回の大規模修繕は一時金や借入なしで実施できましたが、2回目で積立金は枯渇、3回目には18億8000万円、4回目は35億円も積立金が不足することがわかりました。

「均等積立方式」に変更

そこで、従来の段階増額方式から「均等積立方式」に変更、少なくとも築50年まで一時金徴収や借入なしで、必要な大規模修繕が行える計画を作り上げました。マンションの持続可能性を見据えて積立金は平米112円から201円へと、部屋ごとに毎月約1万円の値上げを有効投票数の90％の賛成で可決。これは理事会や委員会メンバーはもちろん、住民のリテラシーあってこそできたことです。

こうしたマネジメントが実現しているマンションと、できていないマンションの未来は、それぞれどうなるのでしょうか。一方は必要な修繕を無理なく行え、居住快適性や資産性が保たれます。また一方は積立金不足で修繕もできず、建物はボロボロ。見た目にも建物寿命も劣り、資産性も失われていくしかありません。ニューロシティは前者の道を選択しました。

さて本章では管理組合活動が優秀に行われている5つのマンションの事例を紹介しました。マンションの価値は新築時に決まるのではなく、管理組合の運営によって創出されていくものということが、よくおわかりいただけたと思います。

第4章

ずっと資産になるマンションを創るために必要な16の提言

前章で紹介したように、マンションの区分所有者は、管理組合の活動に積極的に関与することによって、マンションの資産性を高めることが可能になります。もしあなたが今、管理組合の運営についてさほど関心がなかったとしても、あなた以外の所有者の誰かが役員となり、マンションごとに様々な温度や考え方、手法によって組合を回しているはずです。そしてその運営は将来確実に、マンションの未来を決定づけるのです。

本章では、マンションの所有者や住宅政策担当者らが、マンションの資産価値を維持していくために行うべき16の提言をします。箇条書きにまとめると、次のようになります。

1　管理会社の交替は慎重に
2　無償の「アフターメンテナンス」を最大限に活用
3　大規模修繕は必ずしも計画通りに行わない
4　大規模修繕工事の談合をなくす
5　修繕積立金を見直す
6　「100年以上」か「解体」か、マンションの大方針を決める
7　マンション管理に「外部人材」を積極活用

8 管理組合の情報開示を義務化（政策）
9 マンション外壁のタイル張りを禁止（政策）
10 マンションの管理状態を「担保評価」に織り込む（金融機関）
11 エリアを定め、マンションに容積率ボーナスを付与（政策）
12 マンションの空き家問題に特化した制度設計（政策）
13 住宅総量の管理（政策）
14 住宅の資産性維持がもたらす経済波及効果を検証（政策）
15 限られた情報から優良な中古物件を探す（購入者）
16 管理組合運営に積極的に関わる（所有者）

以下、詳しく見ていきましょう。

1 管理会社の交替は慎重に

「報酬は、削減できた管理費の50％です」といった、管理費を削減できれば一定割合をもらい、できなければ1円もいらないというコンサルティング会社による管理費見直しの提案は、一見魅力的に思えます。成功報酬であれば、管理組合はリスクを負わずに収支改善に乗り出せそうな気がしますし、総会で住民に対して説明しやすそうです。

ところが、大幅な削減ができるパターンは、たいていの場合、売り主系列の管理会社から、激安を得意とする管理会社への変更となります。副作用の大きさを考えると、管理会社の交替は慎重にしたほうがいいでしょう。管理会社によっては、変更によって管理委託費が少なくなる代わりに、管理の質が低下することがあります。

そもそも管理会社を変えるリスクを冒さなくても、管理費の削減は可能です。ローコスト系の管理会社のビジネスモデルは、日常の管理は激安で受注しておき、修繕工事受注で取り返すといった傾向が強く、後になって高額な工事見積もりを提示されることがあります。

管理組合の交替を声高に主張するコンサルタントの提案を、冷静に分析、検証してみて下さい。現行のマンション管理の問題をあえて大きく見せ、混乱させることによって、本来必要のない管理会社の変更を行うことで利益をあげようとしているのかもしれません。管理会社を変更するデメリットを説明せずに、メリットだけを強調する場合は特に要注意です。

成功報酬型のコンサルティングは、管理組合のためではなく、自分のコミッションにつながる「削減額の最大化」に向けた仕事をしがちで、それまで住民が享受してきた様々なメリットを見逃す傾向があります。管理費の削減は、サービス水準を維持するか、向上させながらコストを抑え、住民が満足、納得するものでなければ意味がありません。

もっとも管理組合の交替を検討すること自体は、新たなパートナー候補である管理会社に、提案のためマンション全体をチェックしてもらうことができ、マンションのあり方を見直す絶好のチャンスです。

重要書類の保管状況や、普段の生活で目にすることのない屋上や地下ピットなどの共用部の劣化状況など、マンションが抱える問題点を知ることができます。各社にプレゼンをしてもらえば、防災や防犯面などで新しい提案を知ることができます。もちろん各社競争の上で比較を行うため、自然と管理費削減につながりやすくなります。

「有料でお願いしていたが、実は管理委託契約の中に含まれていたものだった」とか、「重要書類が保管されていなかった」など、現行の管理会社の業務を確認する機会にもなり、変更せずに現行の管理会社に業務の改善を求める方法もあります。

必ずしも交替ありきではなく、現管理会社による業務改善案も選択肢の一つとして検討するとよいでしょう。というのも、管理会社の交替には以下のような副作用があるからです。

まず、「引き継ぎの難しさ」です。これまでにマンション内で起きたトラブルなどの管理履歴がうまく引き継がれないケースがあります。履歴を蓄積している管理会社は少なく、「管理人さんの記憶が頼り」といった管理会社も多く存在します。管理会社を変更すると、管理人やフロントマンももちろん変更になりますが、「管理会社はイマイチだけど、管理人さんはすごく頼りにしていた……」という意見が出てくるかもしれません。

引き渡し後の一定期間、建物や設備に不具合があった場合、売り主に無償で補修してもらえるアフターサービス期間が残っているケースも要注意です。系列の管理会社がアフターサービスの窓口になっている場合、売り主や施工会社とのやりとりがうまく引き継がれていないと、受けられたはずのサービスを満足に受けられない事態が発生しかねません。

まずは、住民が管理会社に対してどのように考えているのか、アンケート等で広く意見を聴取してみましょう。理事会としては、管理会社を変更せざるを得ないと思っていたとしても、住民の管理会社への評価は、往々にして異なる場合があるからです。

そのうえで、まずは現行の管理会社と管理の中身やコストについて交渉の場を持つべきです。フロントマンに不満がある場合には、管理会社に改善ないしは交替を求め、それでも改善されない場合には、理事会として管理会社の変更に取り組むべきでしょう。

その際には、一般的にはどの程度の管理費が適正なのか、理事会として物差しを持ってお

図表27 管理費の平均

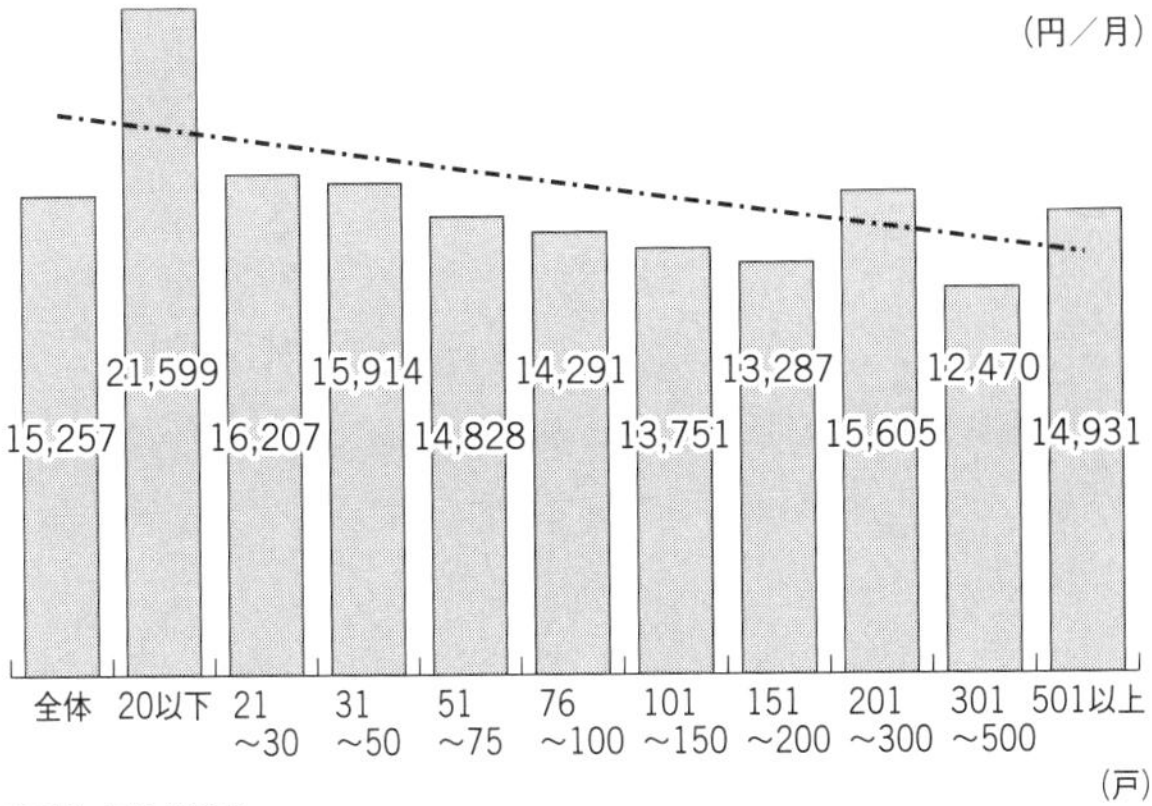

（出所）国土交通省

きたいものです。

「平成25（２０１３）年度マンション総合調査結果」（国土交通省）によれば、駐車場使用料等からの充当額を含む１戸あたりの管理費の平均は１万５２５７円／月で、総戸数規模が大きくなるほど低くなります。

形態別では、単棟型が１万５９７０円、団地型が１万３１３４円です。もちろんこれらはあくまで目安であり、具体的にどのようなサービスが行われるかによって異なります。本書の他にも、マンション管理に関する書籍がたくさんあります。どの程度が適正な管理費水準なのかは、その気になれば誰でもある程度把握できるはずです。

こうしたプロセスを経たうえで、現在行

われている管理やサービスの内訳を洗い出し、リスト化します。必要なサービスを委託契約に書き込んでいき、管理会社の変更前と変更後で、具体的に何が変わるのか、理事会はもちろん住民にわかるようによく説明したうえで管理会社の変更に踏み切ってください。

2　無償の「アフターメンテナンス」を最大限に活用

売り主によるアフターサービスは、最大限活用したいところです。前述の通り、パークシティ武蔵小杉ミッドスカイタワーでは、2年のアフターサービスで総額1億3000万円相当の無償修繕を勝ち取っています。

建物は、引き渡しをもって完成品だとは思わず、住みながら完成品に近づけていくものと考えておいたほうが良いでしょう。決定的な欠陥があるケースはまれですが、建物はあくまで多くの職人による手造りである以上、工事の不良は一定程度起こりえます。売り主もそれをわかっているがゆえに、部位ごとに2年、10年といったアフターサービスの期間を設けています。

アフターサービスについては、住民は専有部については各々要望を出しますが、屋上や外壁、廊下や階段、エレベーターなどの設備機器など共用部分は、どうしても見逃しがちになります。

アフターサービス保証の期間は、部位や事象によって2～10年と規定されています。決められた期間・事象以外の不具合は、管理組合の出費で補修しなくてはなりません。

たとえば、屋上や屋根の保証は、「雨漏り（屋内への雨水の浸入）」が10年なのに対し、「仕上げの排水不良やふくれ」は2年です。10年目に防水施工に不備があることに気付いても、屋内への雨漏りが発生しない限り、売り主の補償は受けられません。

タイルが浮いている、塗装がはがれているといった不具合があるにもかかわらず、無料のアフターサービス期間を逃してしまうと、修繕積立金を使って補修しなければなりません。

そもそも「長期修繕計画」は建物や設備の経年劣化に基づく補修・交換費用だけが考慮されており、建設時の工事不良（初期不良）を直す費用は含まれませんが、そのコストは、部位や範囲によって時には莫大なコストとなります。

アフターサービスの範囲内で初期の工事不良を無償で補修しておくか、それとも見逃して劣化が進んだ状態を十数年後の大規模修繕時に自分たちで直すか。両者の差はとてつもなく大きくなります。

2年間のアフターサービス保証対象箇所は幅広く、プロが見れば不具合箇所は思いのほか出てくるものです。ちょっとした塗装の剝がれやタイルの浮きなども、すべて無償で補修してもらえます。

タイルが浮いたり、剝離する原因にはいくつかのパターンがあります。

①コンクリート躯体工事が原因

まずは、コンクリートを打設する躯体《くたい》工事です。そもそもこの工事精度が著しく悪かったり、適切な箇所に目地が入れられていない場合は、外壁タイル張りの工事不良といっていいでしょう。コンクリートを打ち型枠から外す際に用いた型枠剝離剤の成分（油分）が十分に洗い落とされておらず、タイルを張るためのモルタルがきちんと接着していないケースもあります。

②左官工事が原因

次に、左官工事です。注意したいのは接着強度があるかどうかです。下地モルタルを塗る際、強い日差しや乾いた風により急激に水分が奪われると、しっかりと硬化できずに十分な強度をつくれないことがあります。これを「ドライアウト」と呼びます。ドライアウトを防ぐために給水調整剤を使いますが、これが接着力を左右します。その希釈濃度を間違えていたり、厚く塗り過ぎていたりする場合も、十分な接着力を確保することができません。

コンクリートの型枠を外したあと、超高圧洗浄などで表面に凹凸状の傷をつけ、接着力を増強させる「目粗《あら》し」という作業が行われていない場合、また作業が不十分な場合、コンクリート表面に下地モルタルが十分に接着せず、タイルが剝がれやすくなります。

③タイル工事そのものが原因

張り付けるためのモルタルが薄すぎてタイル裏に充分充塡されない、きちんと数回に分けて塗られていない、十分押さえられていないなどによって、工事不良につながるケースです。

④設計・工事計画そのものが原因

斜めの壁の部分や梁の下の部分など、タイル張りが適切ではない箇所へのタイル工事や目地の不適切な設置など、計画段階に問題があるケースです。タイルは素材やサイズによって、適切な工事方法が異なります。

夏場、特に濃い色のタイルの表面温度は60度以上にもなるため、コンクリート躯体やモルタルの素材の伸縮が繰り返されることで、接着力が徐々に低下するので、配慮が必要です。また、大型サイズのタイルもその重さから、張り付けモルタルによる確実な接着が困難な場合があります。

築11年目には、管理会社による建物の点検が行われるケースが一般的です。しかし、実は、11年目に定期点検を行うのは、メンテナンス費の観点から非常にもったいないことです。

そこには売り主側の都合があります。もし9年目に定期点検を行って雨漏りやコンクリート躯体の不具合が見つかった場合、保証期間内なので売り主の費用負担で是正工事を行わなければなりません。しかし、11年目なら既に保証が切れていますから、売り主の費用負担にはなりません。大規模修繕工事も近いので一緒に修理しましょうと、管理組合の費用負担で是正工事を行うことができます。

こうした売り主側の都合によって、管理組合にとって有益な9年目の点検が行われず、11年目に点検が行われる傾向があるのです。

管理組合の側からすると、本来なら10年の保証期間内に申請すれば、無償で工事してもらえるはずだったものが、11年目の定期点検で見つかった場合には、管理組合の費用負担で工事を行うことになってしまいます。

保証対象箇所の不具合を見逃して、後の大規模修繕で、有償で修繕するのはあまりにもったいないことです。11年目に行われる予定の大規模修繕の前に、予備調査としてインスペクションを実施すれば、無償のアフターサービスが活用でき、大規模修繕の時期や必要箇所も判断できます。

建物の不具合を見つけ出すインスペクションを、管理会社や管理会社が紹介するコンサルティング会社に依頼しても、往々にして有償の建物修繕を前提とした作業になりがちなので、限界があります。

利害関係のない第三者的な専門会社を、管理組合が自ら選ぶのが最適です。多少の費用がかかっても、客観的な立場で建物や設備の状態を診断し、公正にアドバイスをしてもらえる、実績の豊富な会社や機関を選びましょう。

インスペクションの費用は、2年目アフターサービス前が一戸あたり1万円、10年目アフターサービス前なら一戸あたり6000円程度が相場です。

埼玉県のあるマンションの理事長である鈴木さん（仮名）は、築1年目に見つかった共用部分のひび割れ等について、売り主から、詳しい説明もなしに「すべて保証対象外」と補修を拒否され続け、困っていました。

図表28　アフターサービスの対象部位と保証期間の例（主なもの）

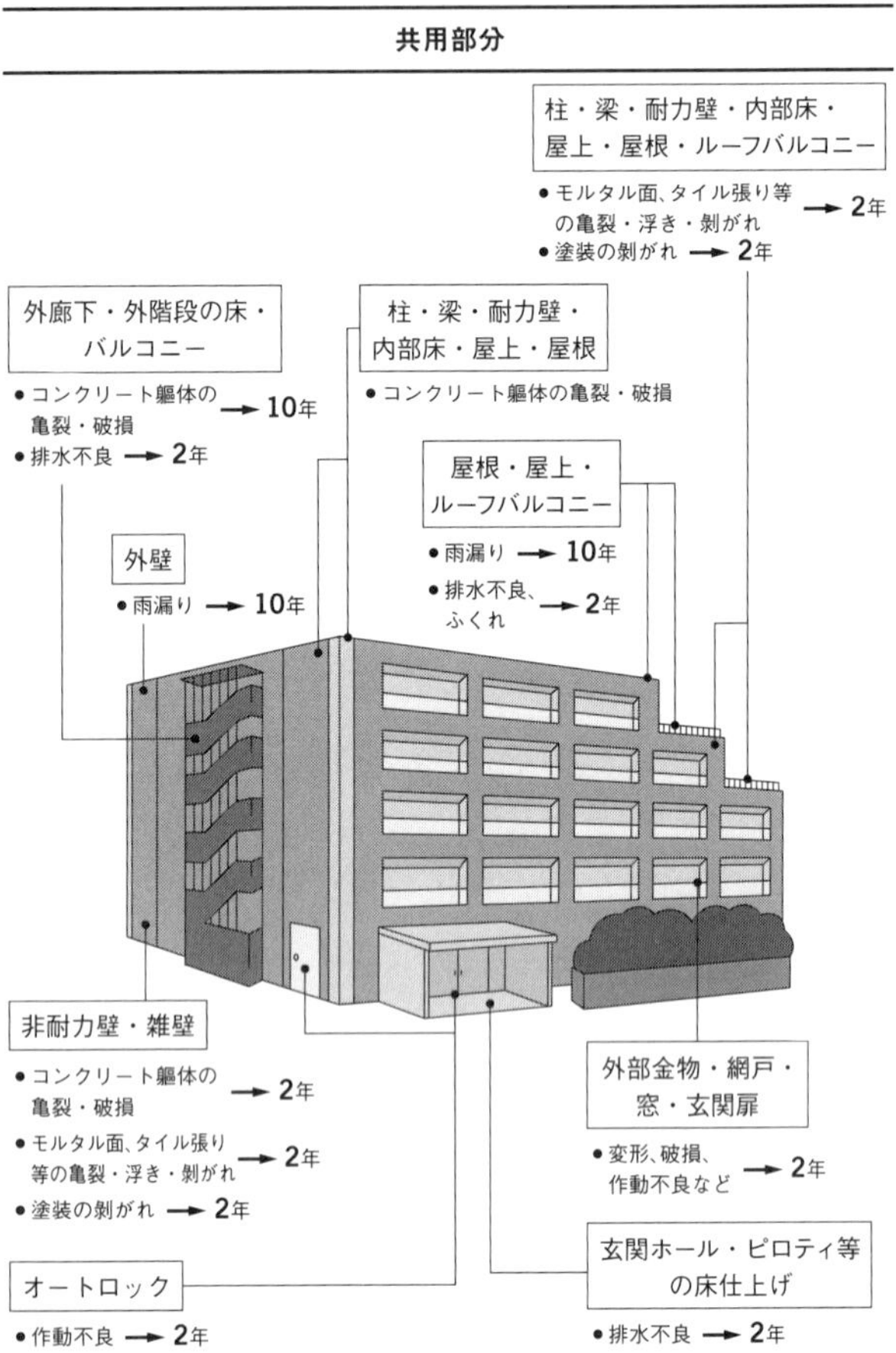

専有部分		
壁・床・天井	●亀裂・破損	2年
	●クロスの剝がれ・浮き等	2年
内部扉・取り付け家具（押し入れを含む）	●変形・破損・作動不良・取り付け不良	2年
床のフローリング	●浮き・へこみ・剝がれ	2年
キッチン	●設備の漏水・作動不良・取り付け不良	2年
浴室	●防水床の漏水	10年
	●ユニットバスの漏水	5年
	●浴槽、シャワーの破損・作動不良・取り付け不良	2年
給排水	●給水管、排水管の漏水・破損	5年
	●トラップ、通気管、給水栓の漏水・取り付け不良	2年
電気関係	●分電盤、配線、スイッチ、インターホン、照明器具、情報通信設備の取り付け不良・機能不良	2年
給排気	●ダクト、換気扇、換気口等の破損・取り付け不良・作動不良	2年
ガス設備	●ガス配管の破損	5年
	●ガス栓、湯沸かし器等の破損・取り付け不良	2年

（出所）一般社団法人不動産協会「中高層住宅アフターサービス」規準をもとに作成

写真9　共用廊下のひび割れも
アフターサービス期間内なら無償補修

そこで2年目のアフターサービスが切れる前に、総会決議を経てさくら事務所にインスペクション（建物調査）を依頼。その結果を売り主に提示したところ、工事の初期不良や、補修対象となる事象があることがわかり、アフターサービスの対象になっているものはすべて、売り主に補修してもらうことができました。

また、神奈川県横浜市のマンションでは、近隣のマンションで外壁タイルが剝落する事故があったため、アフターサービス保証期限前のタイル全般の診断を理事会で検討、総会決議を経て、さくら事務所に依頼しました。

調査の結果、広範囲にわたってタイルの浮きがあることが判明します。売り主に報告書を提示するとともに、原因究明を依頼した結果、工事不良によってタイルが浮いていたことが発覚、売り主の費用負担で不良部分すべてを張り替えました。

管理組合への報告会で「今回調べなければ、大規模修繕の時に管理組合の出費で補修していたはず。調査して良かった」という声が聞かれたと、理事長は振り返ります。

ただし、外壁タイルの浮きや剥離は、品確法の10年保証の対象となる、構造耐力上主要な部分や雨水の浸入を防止する部分ではなく、単にアフターサービス2年と定めているケースが多数派です。

写真10 地下ピットに大量のエフロレッセンス

2年以上経過している場合には瑕疵担保責任期間やアフターサービス期間が過ぎていることを理由に、売り主は補修工事に必要な費用の負担を拒むケースがありますが、アフターサービスや瑕疵担保責任の期間を過ぎていても、法令の違反や明らかな工事の過失などの不法行為で売り主に責任を問えるケースがあります。
そのためには、タイルの浮き・剥離の発生原因が、施工上の過失に起因することを立証する必要があります。
写真10は、東京都心のあるタワーマンションで10年のアフターサービス期間内にさくら事務所がインスペクションを行った時のものです。

地下ピットで大量のエフロレッセンスが染み出していました。エフロレッセンスとは、コンクリートの中や周辺にある可溶性物質が、水分とともに、貫通したひび割れ部分を経由してコンクリート表面に移動し、水分の逸散や空気中の二酸化炭素との反応によって流れ出たものです。

エフロレッセンスは、少量であればコンクリート内部の水分蒸発によるものと考えられ、問題はありません。しかし、大量に白く塊のようになっている場合は、コンクリートのひび割れなどから水分が浸透し、コンクリート内のアルカリ成分がかなり漏出していることが予想され、ある程度の中性化が進んでいる可能性が考えられます。コンクリートが中性化すると、空気や水を通しやすくなり、内部の鉄筋が錆びるなど劣化を早めることになります。

地下ピットは売り主や工事会社による建物完成前の検査が行き届きにくく、管理会社による日常点検範囲の対象外であることもあって、管理組合が自主的に点検しない限り、不具合の発生に気づきません。

このケースでは、コンクリート内部に水が浸透している箇所を特定し、修繕を施すなど大掛かりな工事となりましたが、すべて売り主の責任と負担で済みました。

3 大規模修繕は必ずしも計画通りに行わない

築10年を経過するマンションでは、大規模修繕工事に向けて劣化診断を依頼する業者を選定するために、数社の調査業者に見積もりを依頼するケースがあります。一般的に長期修繕計画では12年目、24年目、36年目といった12年のサイクルで大規模修繕工事の実施が予定されていることが多いのですが、外観上劣化の様子がなく、近々に大規模修繕工事を実施する必要性のない建物が少なからずあります。大規模修繕を行うかどうかは建物の劣化状況次第であり、必ずしも12年ごとに行わなければならないものではありません。

なぜ多くのマンションで、長期修繕計画のサイクルが12年になっているかといえば、「改修によるマンションの再生手法に関するマニュアル」（国土交通省）の中に、大規模修繕時期の目安として「12年目・24年目・36年目程度」といった概念図が示されており、多くの売り主がそれを踏襲しているからです（図表29）。

管理会社の中には、長期修繕計画に定められた実施時期イコール大規模修繕の時期だというトーンで計画を進行させ、工事の実施を促すところがあります。しかし、これは顧客である管理組合の都合ではなく、工事受注のノルマを達成しなければならない管理会社の都合に

図表29　改修によるマンションの再生手法に関するマニュアル

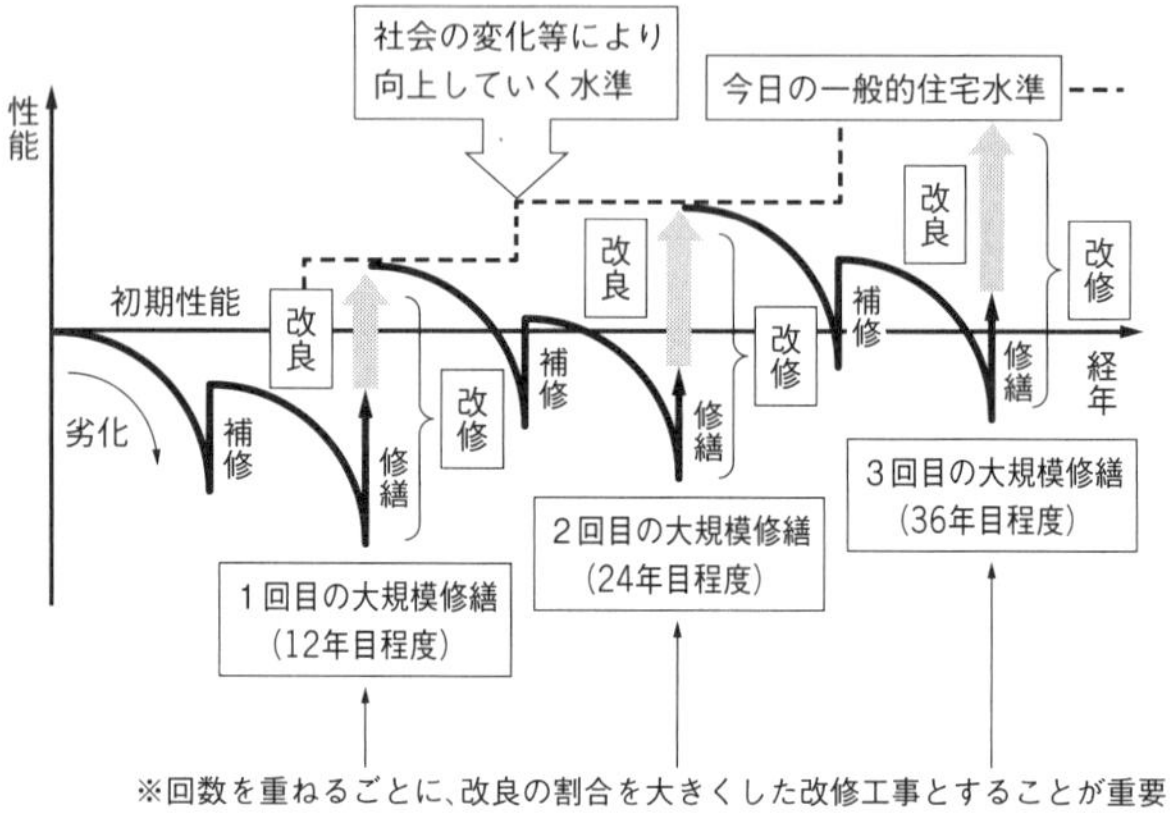

（出所）国土交通省

基づいています。

大規模修繕は小規模なマンションでも数千万円、大規模なマンションでは数億～10億円以上を要し、これまでコツコツと貯めてきた修繕積立金を使うのです。工事のムリ・ムダ・ムラは決してできません。

長期修繕計画はあくまで計画に過ぎないのですから、大規模修繕の時期が近づいたら、まずやるべきは「工事の時期や範囲や方法」を検討することです。劣化の状況に応じて実施時期を決めていきます。

12年に一度工事をすると、36年で3回、18年ごとに一度であれば、2回で済みます。マンションの規模にもよりますが、建物の良好なコンディションを保ったまま、

1回分の工事費数千万〜数億円を抑えることができます。そのためにもまずは、前述した、売り主による無償アフターサービスを徹底活用しましょう。10年以内に決定的な不具合を直し、1回目の大規模修繕に備えます。

単に実施を先延ばしにするのはよくありません。建物の傷みが進行し、後になってかえって余計なコストがかかりかねないからです。しかし、建設時の施工や環境などの影響から、建物の劣化度合いは一律ではありません。比較的傷みが少ない建物であれば、「一般的」な時期より後に実施しても機能面に問題はありません。

では、どうやって工事の実施時期を決めるべきでしょうか。これは建物をインスペクションすることによって検討・判定します。残念ながらしっかりとした建物診断を実施せずに、長期修繕計画にある大規模修繕工事の時期が到来したという理由だけで工事を提案し、見積書を提示する管理会社が存在するのも事実です。

例えるなら、定期健診で病院に行って、検査をすることなく、「そろそろいいお年なので手術しましょうか」と言われ、同時に入院と手術に必要な費用の明細を渡されたというところでしょうか。「なぜ治すのか」「どこを治すのか」「いつが適切なのか」という事前の判断なくして、虎の子の修繕積立金を使うのは乱暴です。

「今回の大規模修繕工事は、外壁に足場をかける工事を中心にして、屋上防水など足場を不要とする工事はもう少し後にした」。

ひとつの例ですが、こうした選択をする管理組合が増えつつあります。大規模修繕工事の際、高所作業のための足場は、当然ながら工事完了後には撤去されるので、多大なコストがかかってしまうのは本当にもったいないことです。一般的なマンションでは総工事費の15～20％が足場のために費やされ、30戸未満の小規模マンションや15階を超える高層マンションでは更に割高になります。タワーマンションでは35％を超えるケースもあります。

1回目の大規模修繕工事の定番は、屋上防水、外壁補修（塗装）、共用廊下の床と天井の補修（塗装）、バルコニーの床と天井の補修（塗装）、外階段、各部のシーリングといったところです。このうちコンディションが良好で、足場をなしに作業でき、住民の在宅を要しない工事には手をつけずに、数年後の実施でも構いません。

例えば、足場が必要な工事はなるべく大規模修繕で行うことにし、屋上の防水、シーリング防水、塗装など足場がなくても工事可能な部位は、通常より耐久性の高い仕様にしておくことで、その後行う大規模修繕工事を延長することが可能になります。

「あそこだけいつもひび割れてしまう、何回直してもすぐ錆び汁が出る、またあそこにエフロレッセンスが……」といった「建物のウィークポイント」が、大抵のマンションには存在します。通常の修繕をするだけでは、また同じ症状を繰り返すだけですので、抜本対策を含めた工事仕様を考える必要があります。それは「壊れやすいところを壊れにくい仕様に変える」ということです。

一方で、特に昨今の屋上防水工事などは、建設時の施工状況が良ければ12年を超えても全く問題なく使い続けられることも珍しくありません。

保証が10年で切れてしまうため早めに実施をしたい、という組合も少なくありませんが、そもそも大規模修繕工事が12年目ならば、保証が切れて2年後ですから、保証に合わせてという考え方は重要ではありません。

「どうせ工事するなら一度のほうが割安になる」という場合もあります。しかし、先送りする工事の種類がある程度まとまっていて、それらの見積もりを適切にチェックできるのならば、「一気にやるとお得」とは限りません。実施時期を後ろ倒しすることで長期的に回数を減らせる工事も見つかります。

従来型の「すべての範囲、内容を一度に行う」といった手法も、「念のため」という意味では結構なのですが、合理的に考えるなら、インスペクションの結果をもとに「今回はどの箇所を、どの程度直すのか」という観点から大規模修繕の具体的な中身を決定すればいいと思います。

もちろん、大規模修繕工事の周期を18年に設定すれば、18年間何もしなくてよいということではありません。中間点もしくは、3分の1ごと（6年おき）に、足場をかけない範囲で、劣化した部分を軽微な補修によってメンテナンスしていく必要があります。

そもそも長期修繕計画は、どんな専門家が作ろうとも、その時に想定できる範囲の計画でしかありません。重要なのは定期的に見直すということです。

建物は予定通りに劣化するものではなく、想定外の故障や不具合が発生することがあります。時の流れとともに経済情勢や政策にも変化が起き、工事費用も予定通りになることのほうが珍しいくらいでしょう。また、工事の工法や修繕方法も、技術の進歩とともに改善されていくため、より効果的で安く施工ができる場合もあります。

推奨したいのは、概ね3～5年ごとの計画見直しです。築年数にもよりますが、見直しポイントは基本的に5つあります。

1　現状の劣化状況やこれまでの修繕履歴が反映されているか

2　不足な工事、余分な工事はないか
3　修繕方法は最適か
4　耐震性や省エネ性など、環境の変化に応じ、機能を改善すべき箇所はないか
5　修繕積立金の額は妥当か

マンションの寿命は年々伸びており、一般的な30年の大規模修繕計画では不足です。そもそもマンションの大規模修繕で最もお金がかかるのは、機械式駐車場やエレベーターの入れ替え、給排水設備の劣化による配管の引き直しなどが必要になる、30年を過ぎてからです。将来を見越せば、50～60年サイクルでの計画でちょうどよいくらいでしょう。

そもそも長期修繕計画が存在しないマンションもたくさんあります。「平成25（２０１３）年マンション総合調査結果」（国交省）によれば、長期修繕計画に基づき修繕積立金を算出しているのは全体の79％です（図表30）。

「長期修繕計画」の概念が定着したのは、92年に建設省（現国交省）が、新築マンション分譲時に、購入者に対し「長期修繕計画の提示」「修繕積立金の根拠」を示すよう通達したことがきっかけです。97年に「中高層共同住宅標準管理規約（現マンション標準管理規約）」

図表30　修繕積立金の算出根拠

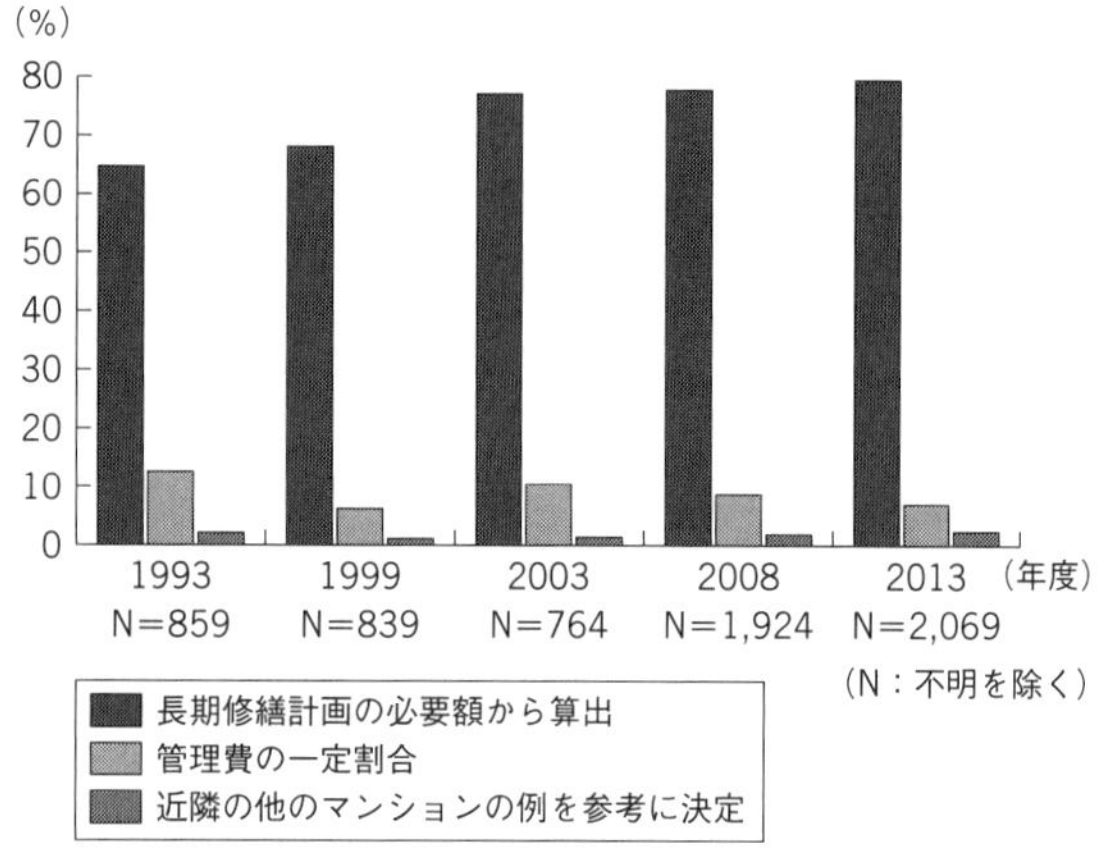

（出所）国土交通省

図表31　計画期間25年以上の長期修繕計画に基づき
修繕積立金の額を算定している割合

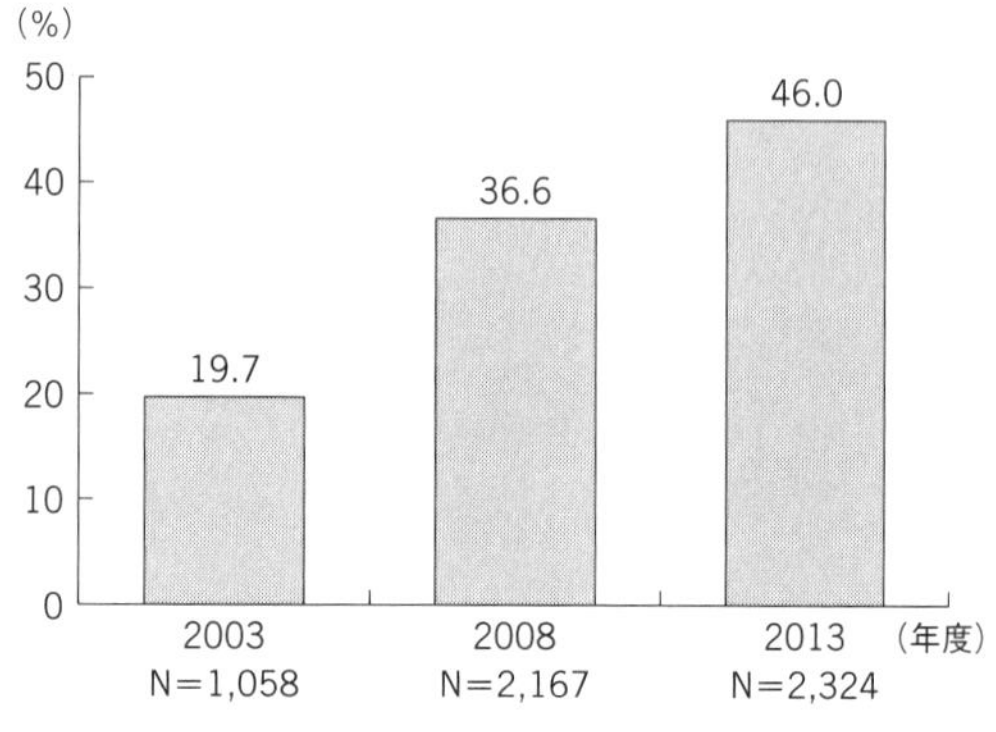

（出所）国土交通省

について、「長期修繕計画の作成や変更を管理組合の業務として位置付ける」旨の改正が行われて以降です。

計画期間25年以上の長期修繕計画があるマンションは、46％に過ぎません（図表31）。まずはあなたの住むマンションの長期修繕計画の有無を確認しましょう。あればその中身を見直し、なければ一から作るところから始めましょう。

4 大規模修繕工事の談合をなくす

管理会社に丸投げで大規模修繕工事をしたり、見積もりを取っていては、適切で必要十分な大規模修繕工事は決してできません。

一方で、見積もりを設計会社やコンサルティング会社などの第三者に依頼しても問題は残ります。第3章で触れたように、設計会社が、施工会社候補のうち、特定の1社の見積額が低くなるよう、少ない数量の工事内容を伝えるなど、バックマージンを払う施工会社が受注できるよう不適切な工作をする事例が後を絶ちません。だからといって理事会自ら見積もりを取り、比較するには専門知識と経験が必要です。

大規模修繕工事の発注方式は、大きく分けて「責任施工方式」と「設計・監理方式」があります。主な特徴は以下の通りです。

①責任施工方式

管理組合が、管理会社に修繕工事の仕様作成から工事、チェックまですべてを任せる方式です。管理組合とのコミュニケーションが良好で、業務も円滑に実施されている管理会社に全工事を任せます。

「日頃から付き合いがある管理会社に任せたほうが安心」「普段マンションに出入りしていない工事会社の人間が出入りするのが嫌」「相見積もりをとるのが面倒」といった理由で採用されることが多く、管理組合にとっては最も手間のかからないやり方です。一方で、工事品質のチェックや工事価格が不透明な部分があり、工事の手抜かりを見逃したり、工事価格が割高になる可能性もあります。

工事価格の透明性や客観性は、複数の工事会社と相見積もりを行うことなどにより、ある程度担保することが可能です。しかし、相見積もりを行う施工会社による談合が行われていないことが前提です。工事会社は住民からの公募も含め3社以上を募り、管理会社だけの推薦はさせない、また、見積書は必ず理事長宛てに提出させ、業者選定の会議の場で一斉に開封するなどして、談合の芽を一定程度つむことができます。

管理組合に修繕工事に詳しい方がいる場合には、施工品質のチェックを行うことが可能ですが、いない場合には、工事品質のチェックを行う業務をコンサルタント会社やマンション管理士、設計事務所などに依頼する方法もあります。

管理会社が主導して工事手続きを進めている管理組合では、管理会社依存体質の理事会と、管理会社の不透明な利益誘導に疑問や反感を抱く住民との間で対立が生じることがあります。

よくあるのは、恒常的に管理会社に依存している理事会は、総会の決定手続きを経たという手続き論を主張します。それに対し住民は、「適正な工事内容・コスト・工事監理」を主張します。相見積もりを行わなかったり、行った場合でも、管理会社任せでは公正さに欠けるのではないか、という主張です。こうなると、管理会社は反対派を孤立・分断させる工作をし、管理組合内部で対立が深刻になります。

②設計・監理方式

設計（工事仕様の作成）や見積もりの精査から工事品質の監理（チェック）まで、工事会社とは異なる設計事務所やコンサルティング会社に依頼する方式です。前述の責任施工方式に比べ第三者が介在する分、工事品質や価格に客観性を得やすいメリットがあります。第三者には工事費の7～10％程度の手数料を払います。

工事費用の他に設計・監理業務を依頼するコストが必要になりますが、見積もりの精査などにより、その費用を超えるコストダウン効果が得られることもあります。しかしこれまで述べてきたように、本来、公正中立な第三者として機能しなければならない設計・監理者が、工事会社の選定などに際し談合を主導したり、特定の業者に便宜を図ったり、工事会社からバックマージンを受け取るなど、残念な結果があることも事実です。

工事会社の立場から見れば、次にいつ仕事をくれるかわからない管理組合よりも、すぐに仕事をくれるかもしれない設計事務所に配慮するのは自然なことかもしれません。いざ工事が始まって、外壁や屋上に新たな工事が必要な箇所を見つけても、見つけられなかった設計会社が非難を浴びないよう、応急措置だけで済ませるケースもあります。

大規模修繕を適切に実施するためには、専門的な知識・経験を持ち、客観的に判断できる第三者的立場の専門家のサポートが必要不可欠です。責任施工方式、設計・監理方式のいずれの場合でも、「工事の関係業者が管理組合の期待に応える業務を行う」という条件を満たしているならば、問題はありません。これは、工事会社や設計事務所、コンサルティング会社が信頼できるか否かの見極めがポイントになります。

いずれにせよ、こうした不適切なコンサルタントが蔓延する最大の理由は、管理組合に提示するコンサルティング料が異常に安いことです。第2章で述べた通り、大規模修繕コンサルティング料の相場は、50～１００戸規模のマンションで４５０万～５００万円程度が一般的であるところ、怪しまれない程度に１５０万～２００万円といった金額を提示する会社があります。

しかし、それは見かけだけで、巡り巡って管理組合にとって結局は高い出費になります。管理組合は競争見積もりの場面で、総会を通りやすいこともあって、より安価な料金を提示した会社を選ぶことが多くなります。それこそが彼らの狙いでもあります。

こうした罠に陥らないために管理組合ができることは、まず、大規模修繕のコンサルティング先を決める際に複数の見積もりを取ることです。この段階で、安すぎる料金を提示してきたところをまず排除します。工事費のザックリとした目安は、１回目の大規模修繕では一般的なマンションなら戸あたり70万～１２０万円程度です。戸あたり１５０万円を超えるようなら、相場より高いと認識したほうがいいでしょう。

次に、過去数年にその設計会社・コンサルティング会社が行った公募の書面を提出してもらいます。入札参加条件を不必要に厳しくしていないか確認してください。例えば「資本金5000万円以上」「年商30億円以上」「会社設立20年以上」「過去3年間の元受工事実績が10件以上」といった、一見もっともらしい条件は、多くのまともな工事会社を排除し、一部の会社しか入札できなくする仕掛けで、「談合宣言」と言っていいでしょう。

「実績が少ない悪徳業者を排除するためには、この程度の見積もり参加条件が必要」という主張は、まさに談合の可能性を匂わせます。こうした条件には、あまりこだわらないことが重要です。あまり条件が厳しいと、住民の紹介による地元の専門業者などが対象外になってしまい、公正な相見積りはできません。

また、大規模修繕工事に携わった実績について、マンション名だけでなく、元請けの工事会社名を入れて提出してもらいます。発注先の工事会社が偏っていたら疑うべきです。

ここでも住民からの公募も含め3社以上の工事会社を募れば、談合の芽を一定程度つむことができます。

しかし、いくら談合防止の手を打ったとしても、それでも業者間の談合を疑う事態になった際には、いったん立ち止まる覚悟が必要です。

管理組合の側に立つべき設計会社やコンサルティング会社が義務を果たさず、管理組合に損害を与えた場合は、損害賠償を請求できる可能性があります。故意に損害を与えたことが証明されれば、背任罪の対象となります。ただし、工事の手抜きや手抜かりを見逃したこと、バックマージンを受け取ったことを管理組合が立証しなければなりません。現実問題として不正を告発し、法的責任を問うのはハードルが高いでしょう。

また、談合によって公正な価格競争を制限した場合は独占禁止法違反となります。しかし、こうしたケースで罪に問われるのは工事業者のみであり、談合を主導したコンサルタントは対象外です（詳細は弁護士などの専門家にお尋ねください）。

③プロポーザル（提案）方式

お勧めしたいのは、各工事会社の提案力を比較できる「プロポーザル（提案）方式」による工事会社選定です。

大規模修繕工事において、癒着やバックマージン、談合といった管理会社や設計会社が作り上げた巧妙な負のスパイラルに、知らないうちに陥っている管理組合は少なくありません。

公共工事などで問題となる、建設業界における談合や賄賂などの不正が、マンションの改修工事においても常態化しているのは、これまで述べてきた通りです。このような現状に対して、17年1月、国土交通省からは大規模修繕工事の発注で設計コンサルタントを活用する際の注意を促す通知が出されています。

プロポーザル方式は、設計会社やコンサルティング会社が入るのは設計・監理方式と同じですが、第三者性を担保するため、工事会社などの選定代行、見積もり依頼代行、設計業務および修繕工事の受注・斡旋はせず、その上で、複数の工事会社から工事範囲や工事内容の提案を受けます。

またその際、工事の仕様書を作らずに「要望書」を作り、その要望を満たす工事方法や数量・金額などを提案してもらいます。この方式は、見積もりを出すのに手間がかかることもあって、談合をしにくい方式です。

業者の比較・選定に一定の時間と手間がかかるものの、工事会社の提案力・企画力を比較でき、より適切な工事方法を選択し、コストダウンもできる可能性が高くなります。

神奈川県横浜市の「リブゼ横浜ブライトスクエア」では、大規模修繕に際し、管理会社の工事部に見積もりを依頼したところ、約８０００万円の見積もりが出てきました。しかしその時点で積立金が７０００万円しかなかったため、１０００万円の借入が必要となります。

管理会社は「しっかりお金をかけて修繕すべきだ」と主張しています。

そこで、理事会は第三者のコンサルティング会社を立て、関係会社間の談合の恐れがなく、提案内容と価格が優れている会社を選ぶことができるプロポーザル方式によって工事会社を選択します。業界紙で工事会社を公募し、応募があった20社程度から、書類選考で集約した8社にヒアリングを行い、４社に絞ります。

それぞれにマンションを見てもらったうえで、提案型の見積もりを作成、提案してもらい、1社を選択しました。４社の提案額の幅は４０００万弱～６０００万円でした。結局工事を依頼したのは最安値だった４０００万円弱の会社で、追加で依頼した工事も含め４５００万円で収まりました。当初の管理会社経由の見積もりと比べると、３５００万円の削減でしたが、必要十分な工事が行え、残った修繕積立金は、次回の大規模修繕のためにとっておくことができました。

5　修繕積立金を見直す

分譲時に設定された修繕積立金は、当初は低額ですが、5年目、10年目の節目に値上げされ、１万円だったのが３万円になったり、10年目、20年目に50万～１００万円の一時金を拠出するプランとなっている場合が大半です。これを早急に見直しましょう。

建物は時間が経つほど修繕にお金がかかるので、1回目の修繕より2回目、3回目のほうが、ずっとコストは上がります。同時に、住民も年を取っていきます。定年退職して年金暮らしとなったとき、住民のすべてが修繕積立金の増額や一時金徴収に耐えられるでしょうか？

どうせ必要なお金なら、後回しにせず均等支払いにしてしまったほうがいいでしょう。

ある程度の残高が確保されていれば、災害時の緊急対応にも活用できます。

6 「100年以上」か「解体」か、マンションの大方針を決める

マンションの未来の選択肢として、大きく以下の2つが考えられます。

①建物の利用期間を100年以上にすることを目指す
②建物の利用期間を60～70年程度と割り切る

という二者択一です。
①を選択するなら、どこかの段階で「長寿命化の改修工事」が必要です。快適に住み続け

るための長寿命化を目指した改修工事では、構造躯体、断熱性、防火などの安全性、給排水設備、その他の共用設備などを対象として工事を行います。実施する時期は、45〜55年目頃までを目安に計画すれば良いでしょう。

工事に要する費用は、少なくとも一般的な大規模修繕工事費用の3〜4倍程度必要になるので、資金の準備には15〜20年程度の期間が必要でしょう。したがって築30〜40年目くらいまでに、長寿命化による改修工事を行って利用期間を100年以上とするかどうか、方針決定しておくことが大切です。

ポイントは「コンクリート躯体の耐久性向上」「給排水管の交換」「耐震性や防火・避難などの安全性確保」などと併せ、「玄関ドアやサッシなどの断熱性アップ」によって快適性を向上させたり、「通信インフラ更新」で時代に合った状態にすることです。

こうしたことによって、若年層が住まいとして選んでくれるようになれば、管理組合の運営も活発になり、スラム化を防ぐことができます。また、賃貸物件として運用する場合でも、長寿命化改修を実施することで、賃料の引き上げや空室率の低減につながることでしょう。

②を選択する場合は、期限が来たら区分所有を解消して土地を売却、所有者は売却代金の

分配金を受け取ることになります。

区分所有を解消して土地を売却するための決議方法は、かつて全員の賛成が必要でした。その後95年の阪神大震災で被災したマンションで、建物が全壊判定されているのに解体できないという問題が生じました。事態の解決を図るため国は被災マンション法を改正して5分の4の賛成で区分所有が解消できるようになりました。また、耐震性が著しく不足しているマンションについても、マンション建替法が改正され、5分の4の賛成で区分所有を解消することができるようになりました。

これらの法改正は被災マンションや耐震性不足のマンションを解体、除去するためのもので、一般的なマンションには適用できません。今後、マンションのスラム化防止に向け、さらなる区分所有法の改正が望まれるところです。

立地に恵まれたマンションなら、土地の売却代金から建物解体費用を捻出することも可能で、買い手を探すにも苦労は少ないと思います。しかし、立地に恵まれないマンションは買い手がつかなかったり、売却金額が建物解体費用を下回る可能性もあります。

建物解体費用を準備できなければ、土地は処分できず、解体もままならず、建物がスラム化する可能性が高くなります。また、老朽化した建物を解体し、土地を売却する場合、大きな障害となるのは新たな住まいを準備できない居住者の存在です。

この問題を根本的に解決するためには、定期借地権のマンションで実施されているように、長期修繕計画に建物解体費用の項目を設け、早い時期から解体費用を積み立てておく方法が最も現実的です。

さいたま市で数年前に分譲された定期借地権のマンションは、管理費9000円、地代が1万5000円、解体費積立金を2000円として毎月徴収しています。解体費の相場は、マンション全体の延べ床面積×8万〜9万円程度です。しかし、このような長期修繕計画が作成され、運営されているケースは、ごく限られた管理組合に過ぎません。

「区分所有の解消・土地の売却」は、早い時期に方針を検討した結果、積極的に選ばれるケースと、方針を決定できず、他の方法について選択の余地がなくなったというケースが考えられます。早い時期に方針を決定した管理組合であれば、建物解体に要する費用を解体準備金として計画的に積み立てることができます。

いずれの方針を選択する場合でも、資金準備が肝要です。マンションをスラム化から守るために、できるだけ早く方針を検討し、準備を始めましょう。

7 マンション管理に「外部人材」を積極活用

管理組合内部にどうしても人材が見当たらない場合は、必要に応じて専門家の知識や経験を活用するのが非常に有用です。

中にはそもそも理事のなり手がいないなど、切迫したマンション管理組合もあります。こうした組合をうまく回すためには、なおさら外部人材の登用は不可欠でしょう。すでに理事を外部から招聘するスタイルをとっているマンションがいくつかあります。

理事に議決権を持たせるケースと持たせないケースの両方あるようですが、専門家や管理会社の社員が理事になったり議決権を持つことには、慎重になったほうがいいと思います。外部人材の理事登用は利益相反を生まないように、第三者性、客観性が保てるスタンスにとどめるほうが賢明です。

イタリアやフランスのマンション管理では、所有者で構成する「理事会」と「管理者」を分けています。理事会は監査機関的な役割を担い、執行機関である管理者の業務を監督・監査するイメージです。この管理者の中にフランスでは8割、イタリアでは4割程度の外部専門家が存在します。

16年のマンション管理標準規約改正では、「外部専門家を役員として選任できることとする場合」として、標準管理規約に条文案が記載されています。第三者管理方式について、以下の3つのパターンを想定しています（図表32）。

①理事・監事外部専門家型

従来の通り所有者で構成される理事会役員に、外部専門家を入れる方式です。運営不全に陥っている現状を改善したいマンションや大規模修繕、耐震改修、建て替え等に際し、専門的な知見が必要なケースなどに向いています。

②外部管理者理事会監督型

外部専門家を区分所有法上の「管理者」として選任します。理事会は管理者を監視します。管理者は「執行者」、理事会は「監視」、総会は「意思決定」と、分担や責任が明確化されます。管理費滞納回収や反社会的勢力、被災などへの対応に向いています。

図表32　3つの新しい管理方法

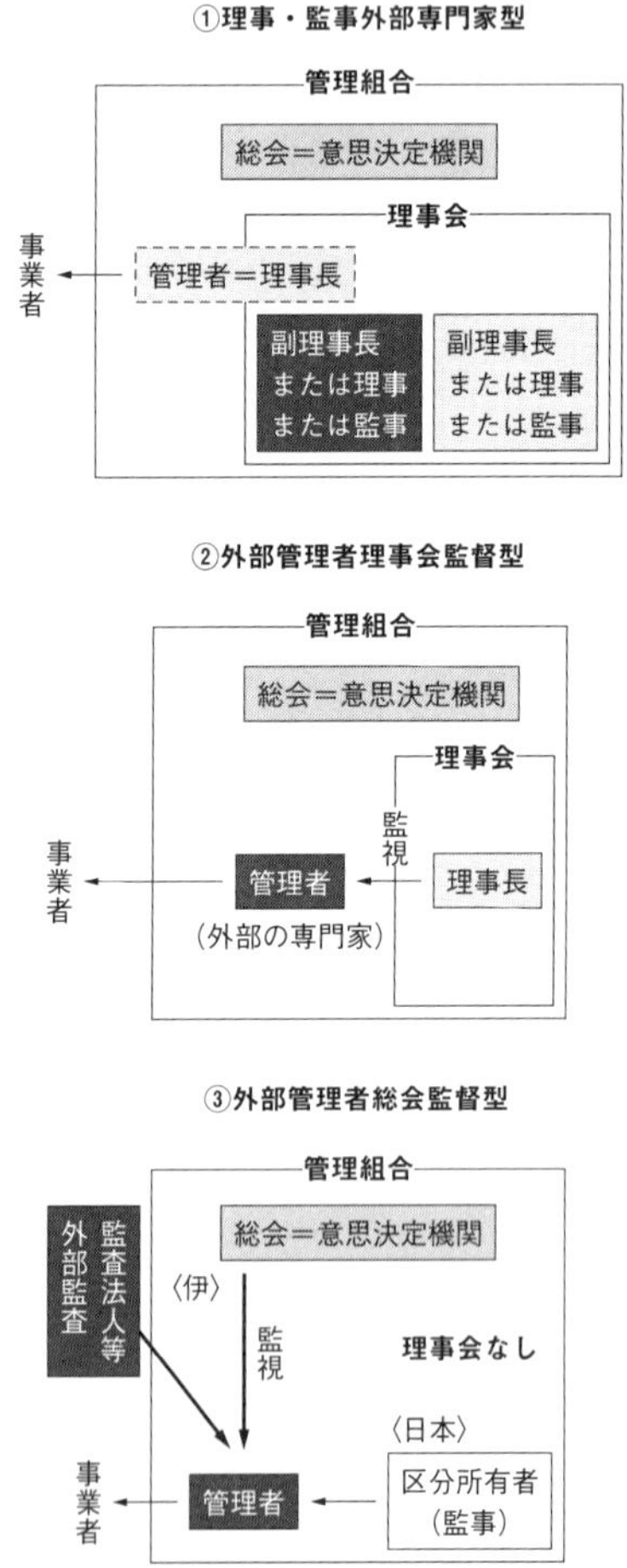

（出所）国土交通省

③外部管理者総会監督型

外部専門家を区分所有法上の「管理者」として選任します。理事会は設けず、区分所有者から選任された「監事」が管理者を監視します。この際には監査法人等の外部監査を義務付けます。規模の小さいマンションや理事長のなり手がいない例外的なケースが想定されます。

いずれの場合も、外部管理者の選任や解任規定、外部管理者が行う取引の健全性をどう確保するのかなどの課題が残ります。

まず、依頼する外部専門家の能力についてです。管理者には、清掃や植栽など日常的な管理に関する知識はもちろん、修繕など建物に関する知識、会計・税務に関する知識、管理費滞納や住民トラブル解決など法的知識まで、広範な知識が求められます。これらすべて対応できる専門家を探すのは、簡単なことではありません。

管理組合の運営はコツコツとノウハウを積み上げながら進んでいく息の長い取り組みですが、個人や小規模組織の専門家が役員に就任した場合、辞退や担当が変わるなど、継続性についてのリスクがあるでしょう。

また専門家がミスや横領などの犯罪を犯した場合には賠償を求めることになりますが、そうした補償負担の体力があるかといった点も考慮が必要でしょう。

さらに管理会社が管理者に就任する場合、管理会社としては売上や利益を追求する一方で、区分所有者の便益を最大化しなければならないというトレードオフが生じますので、お勧めしません。

管理組合の運営手法を検討するうちに、結果として現行の方式で進めることになるかもしれませんが、マンション管理は、自分たちが主体的に行うにせよ、専門家に任せるにせよ、組合に「時間＋能力＋やる気」もしくは「お金」があるか、どちらかを満たさないと成立しません。皆さんでよく話し合って、最適な道を選択してください。

8　管理組合の情報開示を義務化（政策）

米国でマンションを購入する際には、契約後に、各種議事録を含むマンション管理にかかわるあらゆる書類が契約者に送られてきます。契約者は膨大な書類を確認し、納得しました、という趣旨でサインを行います。こうしておけば先に説明した、良いマンションとそうでないマンションの区別がつかない「レモン市場問題」は起こりません。

国土交通省は、公益財団法人マンション管理センターを通じて、管理組合の運営状況や修繕履歴等をマンション管理センターのコンピューターに登録し、登録情報の一部をインターネットにより公開するマンション履歴システム「マンションみらいネット」へのマンション登録を推奨しています。しかし、任意登録であるため、まだ少数しか登録されていません。

またここでは「組合運営の概要」「収支会計」「管理規約」「修繕計画」「修繕履歴」「保管書類」などが登録できますが、個人情報保護の観点から「総会や管理組合の議事録」の登録はなく、マンションの全容が見えません。

確かに、総会や管理組合の議事録など、一歩踏み込んだ情報を誰でも閲覧できる状態には問題や課題が出てくるでしょう。そこで米国のように、対象を「契約者など利害関係者のみ」にして、一定の期間を設けて閲覧できるようにすればよいでしょう。

その上で、契約者にとって何らかの懸念があれば、一定期間中は再交渉ができるよう、法改正を進めればいいと思います。そもそも中古マンション市場の「レモン市場問題」を解消し、健全に発展させるためには、一定のマンション管理の情報は登録を義務付けるべきです。

さらに、金融機関がこうした情報を踏まえた担保評価ができる体制を整える必要があります。現在、金融機関の中古マンションに対する担保評価は多分に形式的です。売買事例やデータ提供機関の評価額を参照する程度です。さらにこうしたマンション自体の評価ではなく、借入者の年収や勤務先・勤続年数など、個人属性を重視しています。「物的担保」より「人的担保」を重視する与信態度を続けていたら、しばしば話題に上る「リバースモーゲージ」もなかなか普及しません。

リバースモーゲージとは、自宅に住みながら、自宅を担保にまとまったお金を借り、返済は自分が亡くなってからでよいという方式です。子孫に美田は残せなくても、自身の財産を、一生を通じて生かし切ることができます。本格的な高齢化社会を迎える我が国においては、高齢者にとっても、日本経済にとっても有用な仕組みです。かねて複数政党のマニフェストに政策目標として掲げられてきました。

しかし、現実としてなかなか普及していないのは、マンションも含む不動産の「物的担保評価」の仕組みが確立していないのが一因です。管理組合の情報公開でこうした課題も解決可能になります。

9　マンション外壁のタイル張りを禁止（政策）

日本にマンションが登場したころ、外装のほとんどは吹付でした。関東大震災を教訓にして政府主導で建設された同潤会アパートの外装も吹付です。タイルは吹付に比べて高価だったこともあり、一部の高級物件にのみ使われていました。

外壁タイル＝高級物件を決定的にしたのは、65年に表参道に建設された総タイル張りのマンション「コープオリンピア」です。コープオリンピアは分譲価格が1億円を突破した日本初の億ションとして、注目を集めます。これに刺激を受けた某不動産業者がすべての物件をタイル張りにして分譲したところ、大ヒットとなります。この不動産業者は全国に総タイル張りのマンションを展開。時代は「外壁に多くのタイルを使えば使うほど高級」という風潮になっていきました。

バブル景気に沸く89年、北九州市の10階建ての団地で、最上階付近のタイルが縦5メートル、横8・5メートルにわたって落下、通行人を直撃し、男女3人が死傷する大事故となりました。この事故を契機にタイル張りの安全性が問われ始めます。その後もタイルの剥落事故は相次ぎ、そのたびに「原因は施工不良なのか？　経年劣化なのか？」という議論がされるようになります。

タイル剥落の原因は多岐にわたります。下地モルタルの水分が急激に抜けるドライアウトや、コンクリートの表面がツルツルになっていたために起こる接着力不足、下地のモルタルが厚すぎるために起こる劣化などです。いずれにせよ外壁タイルが剥落して誰かを傷つけてしまった場合、管理者が責任を問われる場合があります。この時、工事不良や不法行為で売り主や建設会社に責任を求める場合には、彼らに過失があったことを管理組合が証明しなくてはなりません。

タイルの浮きや剥落が見つかった場合、住民の負担は大変です。万全を期した補修を行うためには、足場を設置して外壁の全面打診調査を行い、不具合部分の分布状況などの特定が必要になります。

その上で不具合の原因となった施工の問題点をある程度絞り込み、対策を織り込んだ補修範囲、方法を検討のうえ、工事に着手します。完了までの期間はどんなに早くても6カ月程度、長引いた場合には2年以上かかるケースもあります。もちろん多大なコストがかかります。さらには工事期間中に発生する騒音、振動、塵埃などの影響から、日常的な生活の場として我慢の限界を超えることも少なくありません。

オーストラリア、スイスなどいくつかの国では、外壁のタイル張りを法律で禁じています。剥落のリスクや修繕費の大幅な上昇といった負の側面から、わが国でもマンションを含めた高層建物の外壁タイル使用について、一定の規制をすべきではないかというのが筆者の立場です。

10　マンションの管理状態を「担保評価」に織り込む（金融機関）

これまで住宅ローンの審査といえば、年収や勤務先・勤続年数といった「借入者の属性主義」に偏っており、マンションの評価を大きく左右する「マンション管理組合のレベル」について全く評価してきませんでした。

中古マンション市場を玉石混交のレモン市場から脱却させるためには、金融機関が前出のマンション管理に関わる各種書類を読み解く能力が必要です。金融庁がこのことに気づき方針を打ち出すか、個別の金融機関単位で、管理組合のレベルを評価する機能を持つべきでしょう。

東京都は、管理組合の明確な規定がなかった、83年以前に建設されたマンションを対象に、修繕積立金や耐震診断の結果の報告を義務付ける方針を打ち出しました。自治体によるこうした取り組みは一歩前進です。でもこのことが金融機関の担保評価、ひいては不動産市場における評価に結び付かなければ、その意味や意義は希薄になってしまいます。

11 エリアを定め、マンションに容積率ボーナスを付与（政策）

「全国の容積率を引き上げてマンションの建て替えを促進すればいいのでは」という議論があります。

しかし、もし、そうしたボーナスを与え、すべてのマンションが建て替えられることになったら、人口・世帯数減少が明白な我が国において、いったいどれだけの住宅が余ってしまうのでしょうか。住宅数は飽和し、都市部ですら空き家対策に本腰を入れなければならない局面です。そもそも一度マンションが建った場所に、永遠にマンションを建て替え続ける必要はなく、用途転換の可能性を残すほうが自然です。

他国では、マンションの「建て替え」をめぐる考え方や法制度は、国によって様々です。フランスでは、建て替えはもちろん、区分所有権の解消を多数決で行うという考え方もありません。しかし、管理組合が機能せずに管理費が徴収できず、荒廃、スラム化したマンションを、行政が買い取って、取り壊すという事案も多少発生している模様です。

ドイツにおいても、建て替えには全員の合意が必要なため、事実上建て替えはできず、ずっと修繕し続けるのが前提です。一方で管理が適切に行われるよう、管理費の滞納額がマンション価格の３％を超えたときには、重大な義務違反として、所有権者の過半数の普通決議によって、当該住居所有権を剝奪することができると定めています。両国ともマンションは日本と同水準の６００万戸程度あります。

イギリスやアメリカにも、建て替えという概念はなく、「区分所有関係の解消」の制度があるのみです。敷地を売却し、資金を山分けして解散というこの制度は、災害時を除いて実質的にはほとんど使われていないようです。いずれにせよ特別多数決議で建て替えができるという概念は、ヨーロッパ大陸法やイギリス法、アメリカ法にも存在しません。

お隣の韓国では、頻繁にマンションの建て替えがあります。09年までに23万戸以上の建て替えが進みました。またシンガポールでは一括した「敷地売却」という手法でこれまで８００件以上の売却が成立していますが、いずれも、不動産価格が上昇基調にあり、建て替えにより大幅な容積率ボーナスがあるとか、売却により多額のキャピタルゲインを得られる場合に限ります。したがって、これを日本の現状にそのまま当てはめるわけにはいきません。

日本では前述の通り、建て替えはおろか、必要な修繕も敷地売却もできないマンションが続出し、社会問題化するのは必至です。建て替えを促進するなら基本的には、容積率を数倍に上げるなどして大きなマンションを建て、余剰分を売却することによって、建築費を賄うといった図式しかありません。しかし、全てのマンションにこれを適用するのは土台無理な話です。

前述の「住宅総量目安」の中で、各自治体は、住宅数量全体を管理しながら、エリアを限定し、容積率ボーナスを与える地域を定めるのが適切です。

エリア外のマンションは取り残されますが、建て替えられたマンションに引っ越してくる場合には補助金や金利優遇、あるいは金利のみの支払いでＯＫとなるリバースモーゲージを適用するなどによって住み替えを促進します。それでもそこに居残りたいといった向きにはゼロにはなりませんから、期間を定めて、建て替えマンションに移る場合でも、他の賃貸などに移る場合でも、インセンティブを与えると同時に、強制力を持たせた退去要請が必要でしょう。

全１００戸のうち99世帯が転居に応じても、１世帯が拒めば意味はありません。もちろんこうした措置を行うための法改正や立法は、乱暴に進めることはできず、慎重な議論が必要です。自治体経営の効率化や都市のあり方、不動産全体の価値やそれがもたらす経済効果などを総合的に考慮したうえで、進める必要があります。時間がかかりそうですから、今からでも議論を始めるべきでしょう。

東京都は、14年に「マンション建替法」（マンションの建替え等の円滑化に関する法律）が改正されたことを受け、地域限定で容積率を最大１００％引き上げると発表しています。81年5月までの旧耐震マンションが対象で、区市がまちづくり計画を定め、それに基づいて都が対象地区を指定する方式です。これは一歩前進といえますが、１００％の引き上げでは踏み込みが甘く、あまり建て替えを生まないだろうというのが、筆者の印象です。

12　マンションの空き家問題に特化した制度設計（政策）

15年5月には、いわゆる「迷惑空き家」について、固定資産税を6倍にし、自治体が立ち入りや助言、指導、勧告、命令したり、行政代執行（強制執行）で空き家を取り壊し、所有者に費用を請求できるという「空き家対策法」（空家等対策の推進に関する特別措置法）が施行されました。しかし、これは主に一戸建てを想定した法律で、マンションは建物全体が空室で、老朽化が進んでいない限り、空き家対策法の対象外です。

そもそも「迷惑空き家」に指定できたとしても、「景観を損なっている状態」や「生活環境の保全を図るために放置することが不適切である状態」に認められる措置は、「修繕」や「立木竹の伐採」に限られます。

また16年度の税制改正では「空き家に係る譲渡所得の特別控除の特例」の制度が創設されました。自宅の売却を前提としていた「譲渡所得の3000万円特別控除」が、一定の要件を満たせば、相続した空き家を売却する場合にも適用されることになりました。

しかし、この制度も、マンションなどの区分所有建物は対象外です。さらに、売却時点で建物が耐震性を確保していることが要件になっており、旧耐震基準の家屋は、耐震改修して売却するか、解体して更地として売却することになります。

イギリスでは2006年から「空き家管理命令」を始めました。2年以上空き家となっている住宅を、所有者の同意なしに、所有者に代わって地方自治体が必要な改修を施した上で賃貸し、賃料によって改修費用を回収する制度です。地方自治体は住宅を占有できますが、所有権は地方自治体に移転しない仕組みです。

またイギリスでは13年、空き家に対する地方税が改正され、「すべての空き家には軽減税率を適用しない」「2年以上空き家で、かつ家具がほとんどない住宅については、割り増しの地方税を賦課できる」としています。

こうした方策案でもすべてのマンションの空き家問題解決につながるとは思えません。マンションに特化した空き家対策を真剣に検討していくべき時期に差し掛かっています。

13　住宅総量の管理（政策）

日本には「住宅総量目安」の概念がありません。その結果、景気対策として新築住宅が増え続け、空き家の増大が止まらなくなっています。実はかつて日本にも「住宅供給量の目安」がありました。戦後の高度成長期、深刻な住宅不足に陥ると、66年に「住宅建設計画法」が施行され、5年ごとの住宅供給目標が設けられました。ところが、２００６年に同法が廃止された際に、どういうわけか「量の目標」も消えてしまいました。

アメリカもドイツも、かつては新築建設が住宅市場の主流でした。しかし、住宅数が充足する過程で、二次市場である中古住宅が中心になりました。中古住宅の価値が維持されることによる資産効果によって消費が活性化し、住み替え頻度が高まるような経済の方向に、かじを切るべきでしょう。

「住宅数の管理」が行われていない理由は、国交省の官僚による政策の問題というより、政治の問題でしょう。住宅総量目安を設定してしまうと、どんなに新築住宅を造り過ぎているのかが白日の下にさらされて、各所からの抵抗も強くなります。

新築建設の業界団体には先輩たちが天下っています。その中で、新築住宅建設を抑制することになる政策を行うのは容易ではありません。与党自民党は、古くから新築建設の業界団体との関係が密接です。したがって強い政治的決断が求められます。

住宅総量を管理するためには、まず国が大方針を示し、自治体に数値目標を出させ、建築許可の具体的権限を自治体に移譲してしまうことが大切です。国は全国の住宅数やその質、人口動態を把握しているので、それらを踏まえて必要な住宅総数を割り出し、何戸を取り壊し、何戸新築を造るのかを定めます。

それを受け各自治体は、「住宅総量管理計画」を提出し、順守します。こうした制度改正は、複雑な都市計画関連法の見直しが必要であり、一朝一夕にはできませんが、この部分を修正しないと、いつまでたっても日本は空き家対策に明け暮れることになります。

第1章では政府が「住宅総量目標」を設定するのは2031年と予測しましたが、本当は遅すぎます。この政策は一刻も早く議論し、実現させるべきでしょう。

14　住宅の資産性維持がもたらす経済波及効果を検証（政策）

第2章で述べた通り、日本では新築住宅着工戸数が景気指標として扱われ、産業連関表（経済産業省）によれば、新築住宅建設の経済波及効果は約2倍とされています。しかし、人口・世帯数減少局面において本当に約2倍もあるのか、疑問です。仮に2倍の波及効果があったとしても、その効果は短期的なものに過ぎず、一方では空き家を増やし、周辺の不動産価値の下落、インフラ修繕や行政サービスの効率悪化など、都市の持続可能性に相当程度のダメージを与えます。

住宅市場ではこれまで、新築建設による短期の「経済波及効果」ばかり強調されてきましたが、それでは「穴を掘って埋める」という無意味な公共工事と同じ構図です（ケインズは、そうした言い方はしていなかったようですが）。

日本の住宅市場は圧倒的に新築住宅が中心で、中古住宅の流通割合は14・7％に過ぎません。アメリカの83・1％、イギリスの88・0％、フランスの68・4％などと比べて大きく見劣りします（図表33）。

国内総固定資本形成に占める住宅投資の割合を見ても、日本は13・8％に過ぎず、ドイツ30・7％・フランス26％・イギリス21・9％・アメリカ19・2％などと比べ、どれだけ日本の住宅に価値がないかが分かります（図表34）。

新築建設による波及効果ではなく、中古住宅の資産性が維持されることにより、消費や投資が生まれる「資産効果」や自治体の行政効率化といった観点の研究を早急に行い、政策に

図表33　中古住宅の流通シェアの国際比較

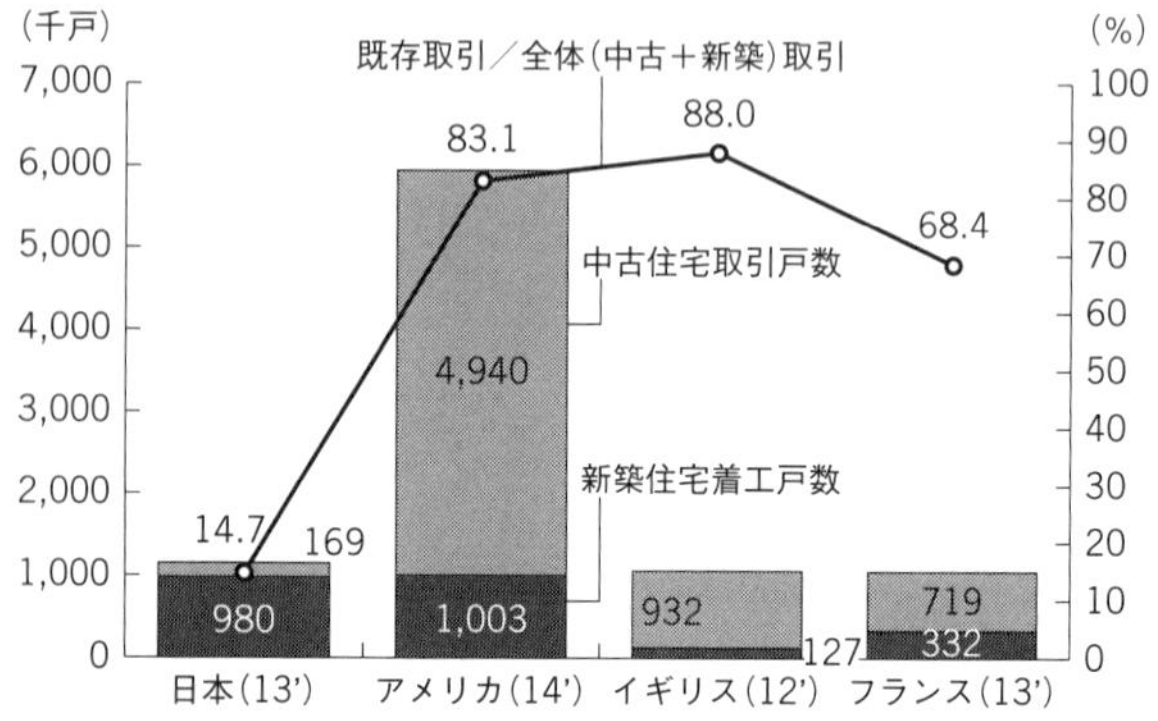

（出所）国土交通省

図表34　住宅投資／国内総固定資本形成の国際比較
(2016年、名目値)

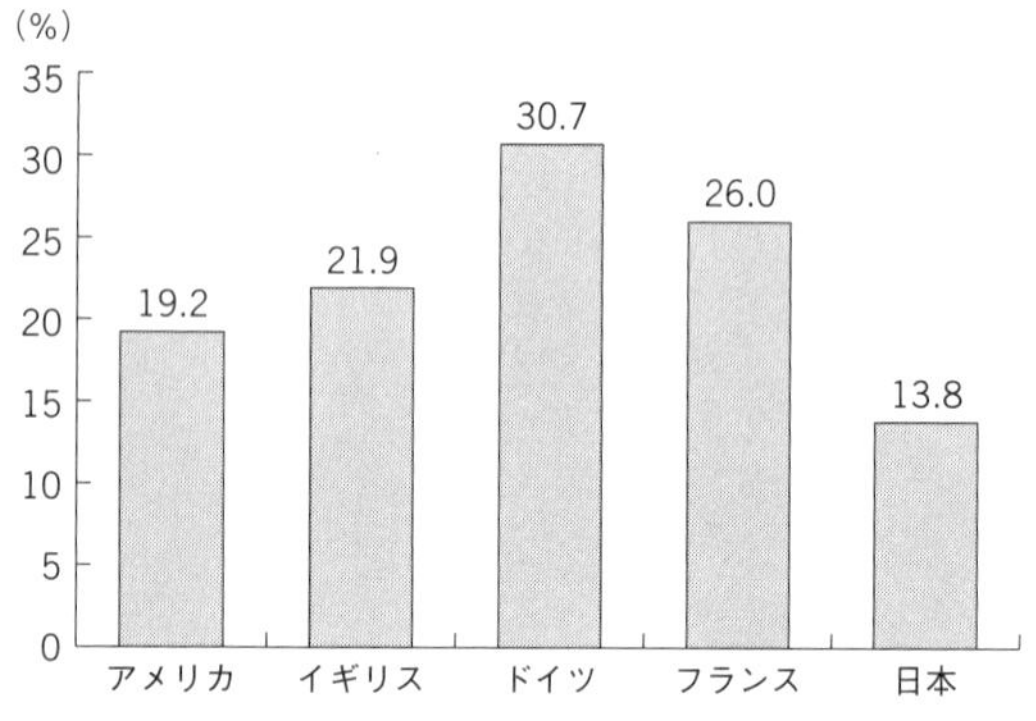

（出所）国土交通省

取り入れるべきでしょう。

こうした視点からの研究が進むと、中古市場を整備せずに、新築を買ったそばから価値がゼロになる、これまでのあり方が、いかに「逆資産効果」を生み出してきたかもはっきりします。他の先進国並みの住宅政策がデフレ脱却のカギであることも明らかになります。

こうした議論をすると、「日本の住宅は法定耐用年数が短いから」と指摘する声が出てきます。例えば、木造住宅の法定耐用年数は22年、ＲＣ（鉄筋コンクリート）で47年ですが、この年数を目安に価値が下落していくというのです。

ところが、例えばアメリカの場合、構造にかかわらず、法定耐用年数は27・5年です。それでも住宅の価値が下がらない市場が立派に成立しています。法定耐用年数とは、税法上の減価償却としての意味しかありません。建物の価値と税法上の法定耐用年数は連動していません。

また「日本は地震国だから」など、いかにももっともらしい理由が上がることもあります。しかし、これらもすべて誤解です。本当の理由は、「中古住宅市場の整備が遅れているから」で、政策の不作為が理由なのです。

これまで説明してきたように、現在の未整備な中古住宅市場では、全く問題のない住宅も、買ってはいけない欠陥住宅も、単に築年数だけで一律の評価がされています。これではほとんどロシアンルーレットと変わりありません。

15　限られた情報から優良な中古物件を探す（購入者）

数ある中古マンションの中から、資産性の維持される優良なマンションを選ぶにはどうすればいいのでしょうか。まずは「総会や管理組合の議事録」「長期修繕計画」など書類の閲覧を求めましょう。こうした議事録には、そのマンションで繰り広げられている様々な課題が載っています。

例えば、どの程度の管理費・修繕積立金の滞納があるのか、これに対して管理組合はどのような対応をしているか、駐車場、駐輪場、ごみ置き場、廊下、外壁など共用部の使い方やコンディションに問題はあるか、今後の修繕計画はどうなっているかなど、マンションの様々な事情が記載されています。

修繕積立金の滞納のないマンションは少数派です。多くの人が住んでいる以上、共用部の使い方に問題が全くないマンションは珍しい部類です。経年によって建物が劣化していくのは当然であり、要は、マンションの宿命である各種の課題について、所有者で構成する管理組合が、どのような姿勢で、具体的にどんな取り組みをしているのかを知ることが大事です。
また「長期修繕計画」を見れば、後の修繕予定がわかりますし、今後の積立金負担の変化もわかります。多くのマンションでは、新築時に売り主が策定した長期修繕計画をそのまま変更せずに使用しています。大半は、新築当初から当面の間は修繕積立金を低額に設定、5年目、10年目、15年目などに一気に数倍になったり、多額の一時金を徴収する計画になっていきます。

その上で、不明点があれば、不動産仲介会社を通じて管理組合に尋ねるか、判断に迷うことがあれば、第三者の専門家に見解を聞くのもいいでしょう。こうしたことを踏まえながら、買うか買わないか、いくらで買うかなどの意思決定をするべきです。

ただし、内部書類については、マンション購入検討者などの第三者に閲覧させる義務はないため、任意で閲覧を依頼することになります。言い換えると、閲覧に応じるマンションは、その情報開示姿勢だけで好感が持てます。自らのマンション管理運営に自信があり、情報開示の重要性を理解している組合員が多いからこそです。

では、こうした書類を確認できない場合はどうすればよいでしょうか。管理状態が見えない、見えにくい「レモン市場」の状況では、中古マンションの質を見定めるのは極めて困難です。しかし、そのような中でも、一定程度の見極めができる簡単な方法があります。

まずは「見た目」です。中古マンションを見学する際には、室内の共用部には入らず、まず外をじっと見てください。例えば外壁です。昨今のマンションはタイル張りが主流ですが、ざっと見渡して、タイルが剝がれているところ、あるいは浮いているようなところはありませんか。

タイルは落下すればたちまち凶器となり得るうえ、このような状況を放置していれば躯体そのものが長持ちしません。もし、タイルの剝がれ、浮きなどの症状が確認できたら、次は、マンション管理組合がその状況を把握しているか、またそれについて、なんらかの対処を行う予定があるかどうかを確認しましょう。これは、不動産仲介担当者を通じ管理組合に確認してもらってもいいですし、管理人に尋ねてみてもいいでしょう。

これは、廊下や階段などの共用部も同様です。一定の幅や深さがあるひび割れや、一定量以上の白いカルシウム成分が浮き出てくるエフロレッセンス、コンクリート内部の鉄筋が水に触れたことで錆び汁が染み出している現象などを長らく放置しておくと、建物内部を傷め、時間の経過につれて修繕コストが膨大になり、着実に寿命を縮めていきます。

エントランス周りの清掃やポスト周りの整理整頓の具合はどうでしょうか。こうしたところが雑然としているのは、管理員の仕事が行き届いていないためですが、背後にはそれを容認している管理組合の存在があります。マンション管理についてその程度の無関心さだというわけです。

　これは、駐車場や駐輪場、ごみ置き場などの状態にも当てはまります。掲示板に数カ月も前の古い情報が貼られている、雑然と貼られている、貼った書類が破れているなどからも、組合運営の質を推し量ることができます。

16　管理組合運営に積極的に関わる（所有者）

「マンションは管理が大事」と、ずいぶん前から言われながらも、実際にはなかなか浸透してこなかったのですが、少しずつ社会の主要課題になってきています。

　新築マンションのポータルサイト「ＭＡＪＯＲ７」のマンショントレンド調査「マンション購入意向者に聞く、新築分譲マンション購入に際しての意識調査」（16年度）によれば、マンションの購入検討理由は、「資産を持ちたい・資産として有利だと思った」がトップでした。

　また首都圏の分譲マンション居住者を対象とした「２０１６年マンション管理とコミュニ

ティについての調査」（リクルート住まいカンパニー）によれば、回答者のほぼ全員が「マンションを適切に管理・修繕し、資産価値を守りたい」と考えているにもかかわらず、「管理組合の総会参加率は46％、総戸数300戸以上や総階数30階以上の物件に居住する人では3割を下回る」といった状態です。

「組合の理事になってもいい」と考える人は34％と、マンションの資産価値は保ちたいのに、自分は理事になりたくないといった傾向が見てとれます。

また、マンション内における様々な課題に対し、迅速に意思決定をする理事会は多い（64％）、リーダーシップが感じられる（40％）、組合の運営を企業経営の視点で行う理事会は少ない（27％）といった回答が見られます。

これまで見てきたように、マンション管理に積極的に関わる住民がいるマンションでは、持続可能な未来を描ける一方で、従来型のマンション管理に対する態度のままでは早晩立ちいかなくなるマンションが相次ぐことでしょう。区分所有するマンションの未来を、どのようにしたいのか、人任せではなく、自ら積極的に関与することで未来を切り開きたいものです。

同調査では、立ち話や頼みごとができる相手がいる人、リーダーシップや企業経営の視点がある理事会や、居住者交流を支援する管理会社の物件に住む人は、「いざという時に助け合える」と思う割合が全体に比べて高く、「いざという時に助け合える」と思う人は、全体に比べマンションへの愛着が強く、管理会社に対する期待も大きいといった傾向が出ています。

マンションとは「共同住宅」です。集まって住むこのスタイルを、わずらわしいと感じるのか、それとも、心強いもの、助け合うものと考えるのか。住民としてのあなたの価値観が問われています。

本書を手にとって下さったあなたとマンションとの関係がより幸せに結ばれるよう、心からお祈りしています。

長嶋　修　ながしま・おさむ

不動産コンサルタント。株式会社さくら事務所代表取締役会長。1967年生まれ。広告代理店、不動産デベロッパーの支店長・不動産売買業務を経験後、業界初の個人向け不動産コンサルティングを行う、さくら事務所を設立。著書に『不動産格差』（日経プレミアシリーズ）『「空き家」が蝕む日本』（ポプラ新書）『不動産投資　成功の実践法則50』（ソーテック社）『失敗しないマンション選び』（日本実業出版社）『住宅購入学入門――いま、何を買わないか』（講談社＋α新書）『住宅選びこれだけ心得帖』（日本経済新聞社）ほか。

日経プレミアシリーズ｜383

100年《ねん》マンション

二〇一八年九月十日　一刷

著者　長嶋　修

発行者　金子　豊

発行所　日本経済新聞出版社
https://www.nikkeibook.com/
東京都千代田区大手町一―三―七　〒一〇〇―八〇六六
電話（〇三）三二七〇―〇二五一（代）

装幀　ベターデイズ

組版　マーリンクレイン

印刷・製本　凸版印刷株式会社

ISBN 978-4-532-26383-6　Printed in Japan

日経プレミアシリーズ340

不動産格差

長嶋 修

アベノミクスや東京五輪の恩恵を受ける物件はほんの一握り。大半の不動産は下がり続け、全国の空き家比率は3割に向かう。あなたのマイホームや両親の家は大丈夫ですか？――。人口減、超高齢化時代における住宅・不動産の見極め方、つきあい方を教えます。

日経プレミアシリーズ381

朝イチのメールが残業を増やす

菅原洋平

朝一番で届いたメール案件に対処しているうち、気がつけば重要な仕事を先送りしてしまったという経験はありませんか――。脳のリハビリテーションを専門とする作業療法士が、脳の仕組みと体のリズムを活かして仕事のやり方を見直し、生産性を高める方法を伝授。すぐに試せる「働き方改革」の本。

日経プレミアシリーズ364

２０３０年　未来への選択

西川 潤

未来は占うものではなく、私たちがどのように関わり、何をどう選択するかによって決まる――。人口、食料、エネルギー、資源、成長率などの公的予測をもとに、世界ガバナンスのシナリオ、資本主義の変容、ポストグローバル化のゆくえまで、２０３０年の世界像を深掘りする。